勤奋好学故事

民族魂

学生成长励志故事读本

陈志宏 ◎ 编著

延边大学出版社

· 延吉 ·

图书在版编目（CIP）数据

勤奋好学故事 / 陈志宏著 . ——延吉：延边大学出版社，2013.3（2024.1 重印）

ISBN 978-7-5634-5392-4

Ⅰ . ①勤…　Ⅱ . ①陈…　Ⅲ . ①品德教育—中国—青年读物 ②品德教育—中国—少年读物　Ⅳ . ① D432.62

中国版本图书馆 CIP 数据核字 (2013) 第 049036 号

勤奋好学故事

主　编：陈志宏
责　编：郭玉玲
封面设计：映像视觉
出版发行：延边大学出版社
社　址：吉林省延吉市公园路 977 号　邮编：133002
电　话：0433-2732435　传真：0433-2732434
网　址：http://www.ydcbs.com
印　刷：天津市天玺印务有限公司
开　本：155×220 毫米　　1/16
印　张：8
字　数：50 千字
版　次：2013 年 03 月第 1 版
印　次：2024 年 01 月第 4 次印刷
书　号：ISBN 978-7-5634-5392-4
定　价：38.00 元

版权所有　侵权必究　印装有误　随时调换

民族魂，是一个民族的精髓，体现了一种民族的精神，是民族存在的精神支柱。

说起民族的精神，人们通常都会想到爱国主义。从古代的屈原、岳飞，到近代为保卫祖国领土完整的人民英雄；从古代的发明家张衡、毕昇，到今天为祖国的建设事业贡献力量的科学家；从古代的李白、杜甫，到今天为民族文学艺术的提高而不懈奋斗的文学家……在他们身上，都体现出一种广义的爱国主义和爱国精神。

爱国主义是一种伟大的民族精神，也是中华民族的传统美德，与我们祖国上下五千年的历史一样源远流长。作为一种巨大的精神力量，它对中华民族的历史发展与进步产生了重大的影响。

前 言

在我国古代历史上，不仅出现过许多杰出的政治家、军事家、思想家、文学家、科学家、艺术家，还出现过一大批忧国忧民、鞠躬尽瘁的仁人志士和抗击外敌、抵御入侵的民族英雄。他们或开发和改造祖国的河山，创造灿烂的中华文明；或英勇反击民族压迫和外来侵略，捍卫国家的主权和民族的尊严；或坚决反对民族分裂，维护国家的统一和民族的团结；或顺应历史潮流，积极改革弊政，励精图治，治国安邦，施利于民……他们从不同的侧面体现了中华民族的爱国主义精神，谱写了爱国主义的壮丽诗篇，铸造了中华民族坚不可摧的"民族

之魂"。

人们之所以将爱国主义精神作为中华民族精神的主要特征，是因为19世纪以来的中华民族饱受外来民族的欺凌、压迫和剥削，从而需要以爱国主义来凝聚人心、努力奋斗，从而获得民族的解放。

翻开中国近代史册，最触目惊心的是一场场的战争、一件件的国耻。深重的民族灾难，撞击着每一个爱国者的心。帝国主义列强发动了第一次鸦片战争、第二次鸦片战争、中法战争、中日甲午战争、八国联军之役等大小100多次战争。每一次战争，都以强迫清政府签订不平等条约而结束。

面对亡国灭种的威胁，华夏大地的炎黄子孙们掀起了波澜壮阔的爱国热潮，创造了光照千秋的爱国主义业绩。中华民族所散发出来的民族精神，无论在深度和广度上都是前无古人的。无数民族英雄、志士仁人，在救国图存、振兴中华的斗争中所表现出来的爱国精神，既是对中华民族古代爱国主义传统的继承与发扬，又具有鲜明的时代特征。

除了爱国主义之外，勤劳、勇敢、诚信、团结、知礼、尊贤、节俭、敬业、热爱和平、不屈不挠、自强不息、励精图治、开拓创新等，也都是中华民族的精神精髓，是中华民族灵魂的具体表现。在五千年的历史中，我们的先辈在这片土地上，以这种高尚的品行和美德不

断地开辟，才有了如今屹立于世界民族之林的东方强国。作为一个有着漫长历史的积淀与升华的民族，伟大的民族精神早已烙刻在了我们每个人的灵魂深处，与我们的血肉融合在一起。

青少年是国家的希望，也是民族不断发展和延续的根本。总有一天，我们的民族精神、我们祖国的这片神奇的土地要传到当代青少年手中。从这个意义上来说，我们民族精神的生机与活力，我们祖国的命运与前途，也掌握在青少年的手中。因此，青少年的爱国主义教育和励志图强教育也就显得更加重要。为了增强和提升国民教育，尤其是青少年的爱国主义精神、民族精魂志向，我们精心编写了本套丛书——《民族魂——学生成长励志故事读本》丛书。

民族魂
学生成长励志故事读本

前 言

本套丛书将有史以来体现民族精神和民族灵魂的典型事迹，以通俗易懂的故事形式娓娓道来，非常适合青少年的阅读水平和欣赏口味。书中提供了古往今来多个典型人物和事件典范，展现出的人物也涉及社会的各个层面，有利于青少年立心、立志、爱国、进取，从而全方位地领悟中华民族的精神、灵魂之所在。

在本套丛书中，为帮助读者更好地理解和学习这些源远流长的美好精神，我们还在每一篇故事后面给出了"心灵物语"，旨在令故事更加结合现代社会，结合我们自身的道德发展，提高我们的民族爱国精神，并由此

而引发读者进一步的思考。

深刻的哲理人生，表现了博大精深的文化；精彩的人物事迹，道出了励精图治的典范；历代的爱国故事，喻出了民族精神的深意；高尚的品德展现，浓缩了上下五千年的灿烂文明……我们希望，青少年朋友们通过阅读本套丛书，能够受到深刻的爱国主义教育，能够真正体会到中华民族的灵魂所在，同时更能够汲取精华，励精图治，为提升自己的个人素质、为祖国未来的建设和发展作出努力。

全套丛书分类编排，内容详尽，文字优美，风格独具，是广大读者，尤其是青少年爱国励志教育的优秀读物。我们相信，本套丛书一定可以成为青少年朋友们的良师益友。

中华民族自古以来就是勤奋好学的民族。在中国这块学风甚盛的土壤上，无论是奴隶社会、封建社会，还是近、现代，勤奋好学者始终受到人们的青睐。在中国人的心目中，勤奋好学是个人素质的体现，是修身立业的基础，可以实现"治国平天下"的抱负。《三字经》里有很大篇幅说："子不学，非所宜。幼不学，老何为；玉不琢，不成器。人不学，不知义。"从积极的方面阐述了学习的意义。

然而，中国的古代社会是等级制社会，奴隶主阶级、地主阶级等统治阶层垄断教育，有机会读书的大多是统治者及其后代，大多数劳动者没有机会参与系统学习。近代以来，中国人民头上压着帝国主义、封建主义和官僚资本主义"三座大山"，大多数劳动者挣扎在贫困线上，过着衣不蔽体、食不果腹的生活，学习更成了他们的一种奢望。封建社会宣扬的是"万般皆下品，唯有读书高"，或"为圣人立言""学而优则仕"，当时的学习完全是为了培养统治阶级的管理者；从学习的内容上看，封建社会大多数主要学习的是千年不变的"四书五经"或应付八股文考试的"试帖时文"。

新中国成立后，广大穷苦大众翻身当家做了主人。政府对人民普及初等教育，进而又实施九年制义务教育，为每个人提供平等的学习机会，勤奋学习这一传统美德焕发出新的生机，有了新的内容。而今，学习的目的是培养建设祖国、保卫祖国的有用人才。学习的内容也随着社会的发展和需要不断更新，而随着社会的进步和科技的发展，知识更新越来越快，这就要求我们，要投入更多的精力和时间学习；要涉猎更多的知识和学科；要不断地更新、充实、完善自己的知识体系；要增强自己学以致用的能力，善于把学到的知识应用到实际工作中。现在的社会，学习已成了每个人的终生之事，一个停止学习的人就是一个落伍的人，一个落后于时代的人。

　　本书中，我们精心选编了一些体现"勤奋好学"精髓的事例，希望读者通过阅读此书，从中受到启迪和教益。在自己的生活和学习、工作中，能够以他们为楷模。要想成为对民族、对国家有用的人，就要不断学习，跟上时代的步伐。只有在学习的道路上不断探索、勇往直前，才有可能对社会作出更大的贡献。

目录 CONTENTS

第一篇 少年刻苦学有所成
- 2　苏秦苦读锥刺股
- 6　孙敬悬梁成大儒
- 8　匡衡凿壁为"偷"光
- 11　董仲舒好学不赏园
- 14　路温舒放羊借书读
- 18　侯瑾借书燃薪夜读
- 21　汉承宫隔篱听课被打
- 25　贾逵隔篱听课五年不辍
- 28　韩干画马住马厩
- 31　白居易苦学臂起茧
- 34　岳飞习字沙作纸
- 37　陈际泰借书苦读
- 40　李四光14岁被保送留学

第二篇 勤奋努力自学成才
- 50　沈辚士终身笃学
- 52　刘勰为学不娶
- 55　郑虔柿叶练字
- 57　柳璨燃叶为借光
- 59　徐伯珍洪水中苦读
- 65　古代女子读书典范李因
- 68　近代数学家华蘅芳

第三篇 志向高远笃学不辍
- 72　孙康映雪借光读书
- 75　江泌屋顶映月读书

民族魂——学生成长励志故事读本

78　苏洵大器晚成
81　苏轼抄书"过目成诵"
83　司马光的"圆木警枕"
85　范仲淹"断齑划粥"
88　赵孟頫持之以恒练书画
91　王守仁以勤补拙
94　唐伯虎"撞门"醒悟
96　唐汝询结绳记诗文
99　少年练恕抱病作著
102　阎若璩钻研经史终成名儒
105　黄宗羲一生勤奋读书
107　陈寅恪懂八国语十种文字
110　齐白石一日不虚度

第四篇　万物皆师谦虚好学

120　樊迟谦虚好学
123　王羲之"临池练笔"成书圣
126　王献之写完十八缸水
129　智永和他的"退笔冢"
132　魏照邻师而学
135　黄霸狱中拜师求学
138　高凤读书不为做官为学识
142　范纯仁深夜帐内苦读
145　方以智墙壁贴文
148　"书耗子"侯德榜

第一篇
少年刻苦学有所成

苏秦苦读锥刺股

> 苏秦(？—前284年),字季子,东周洛阳轩里人(今河南洛阳东郊太平庄一带),战国时期的韩国人,是与张仪齐名的纵横家。可谓"一怒而诸侯惧,安居而天下熄"。他出身农家,素有大志,曾随鬼谷子学习纵横捭阖之术多年。

苏秦早年十分好学,曾和自己的好朋友张仪一起从师于很有名望的鬼谷子,学习纵横家的言论。当时,苏秦的家境不好,自己的糊口问题都不能解决,更不用说拿钱来买书读了。为了读书,他时常把自己的长发剪下来卖掉,或者帮别人做工,卖力气,以换取微薄的收入来勉强维持自己的生活和学业。没有钱买帛绢,他就自己把竹子劈成竹片作为誊写的书札。书札多了,没有袋子装,他就自己剥下树皮编织成书袋来装书。由于苏秦勤奋好学,在开始的一段时期内,他取得了很好的成绩。

可惜的是,从那个时候起,苏秦就开始骄傲自大起来。他不再相信老师的话,自以为已经学到了纵横术的所有知识,可以"运筹帷幄"了。

于是,苏秦收拾好行李,告别老师和朋友,独自来到秦国。苏秦在秦国曾先后呈上了十封意见书给秦惠王,劝他采用"连横"的办法来并吞诸侯,统一天下。可是,秦惠王只是把意见书草草地看了一下,就随便地往旁边一放,根本不予理睬。苏秦在秦国住了一年多的时间,衣服已经穿得又旧又破，所带的银两也用得一干二净，没有办法再住下去了。他看秦惠王一点儿也没有重用他的意思，只好缠了裹腿，穿了草鞋，背上书包，挑上行李，离开秦国，踏上了回家的道路。

由于路途遥远，加之心情不好，苏秦在路途上奔波了许多天才回到家中。这时的他已瘦得皮包骨头，皮肤也被晒得黑黝黝的，且因为惭愧而不敢抬头见家人。妻子看见他那副样子，叹了一口气，低下头继续织布；嫂子看见他那副样子，也不给他做饭；父母看见他那副样子，也不与他说话。

见此情景，苏秦心里更加难受。他长长地叹了一口气，自言自语地说道："唉，妻子不认我这个丈夫，嫂子不认我这个小叔子，父母也不认我这个儿子，这全都是由于我不争气引起的啊！"

苏秦认识到了自己的不足，又重新开始埋头读书。当天夜里，他把自己几十箱子的藏书都找了出来，精心挑选，找出了姜太公的《阳符经》一书，看了几行，觉得很有用，便摊开来埋头诵读，细心揣摩，直到天亮。

从此以后，苏秦不分昼夜，勤于读书，有时候夜里读着读着就在案桌上睡着了。每次醒来时，看见时间已经过去了很多，他总是痛骂自己无用，可是一时也找不到合适的方法来防止自己打瞌睡。

有一次，苏秦读着读着又开始犯困了，身体一下子扑在了案桌上。桌子上正好放着一把锥子，锥子刺痛了他的手臂，他一下子清醒过来。他看着锥子，眨了眨眼，忽然想出了一个制止自己打瞌睡的办法：用锥子扎自己的大腿。自那以后，每到自己困意袭来时，他就拿起锥子朝大腿上狠扎几下。由于扎得狠，往往是鲜血淋漓，血沿着小腿直流到脚上。他的家人见他这样，于心不忍，就规劝他说："你也不必这样折磨自己。只要你决心痛改前非，就一定可以成功的。"可苏秦却说："我之所以这样做，是为了使我自己不要忘了过去的耻辱，从而促使我更加刻苦读书啊！"

就这样,苏秦勤学苦读了整整一年的时间,才觉得这一次的确学得深、学得透。他很有把握地说:"现在肯定可以说服当代的君王,使他们接受我的意见了。"

经过这一番准备,苏秦于公元前334年开始游说六国,终于得到了六国君王的重用,佩挂六国相印。长沙马王堆汉墓出土的帛书《战国纵横家书》中,就保存有苏秦的书信和游说辞十六章。

■心灵物语

苏秦刺股苦读,终成大业,他的事迹流传千古。我们要学习他这种勤奋刻苦的学习精神,把勤奋好学这一中华美德继承和发扬光大,从而成为一个对社会有所贡献的人。

■史海钩沉

六国合纵抗秦

六国合纵对秦战争,最关键的有五次。

第一次合纵战争为楚、燕、韩、赵、魏五国合纵攻秦。发生于周慎靓王三年,楚怀王十一年,魏襄王元年,赵武灵王八年,韩宣惠王十五年,燕王哙三年,秦惠文王七年(公元前318年)。合纵军很快被秦军击败。

第二次合纵战争为齐、韩、魏合纵攻秦。发生于周赧王十七年,齐湣王三年,韩襄王十四年,魏襄王二十一年,赵惠文王元年,秦昭王九年(公元前298年)。三国合纵军经三年苦战至公元前296年,战胜秦军。

第三次合纵战争为燕、齐、魏、韩、赵合纵攻秦。发生于周赧王二十七年,燕昭王二十四年,齐湣王十三年,魏昭王八年,韩厘王八年,赵惠文王十一年,秦昭王十九年(公元前288年)。最后于公元前287年以秦退还所占魏、赵的土地而罢兵。

第四次合纵战争为赵、楚、韩、燕、魏合纵攻秦。发生于秦庄襄王三年，赵孝成王十九年，楚考烈王十六年，韩桓惠王二十六年，燕王喜八年，魏安厘王三十年（公元前247年）。秦军初期被五国联军战败，退守函谷关后，双方休战。

第五次合纵战争为赵、燕、楚、韩、魏合纵攻秦。发生于秦王政六年，赵悼襄王四年，燕王喜十四年，楚考烈王二十二年，韩桓惠王三十二年，魏景湣王二年（公元前241年）。五国联军攻至今临潼东北，各自收兵。

▊文苑荟萃

战国时期的农业

战国时期，农具和耕作技术都有改进和提高。农具仍以耒、耜为主，但不同于过去的是在木制的耒、耜上套了铁口。其他如锄、铲、镰等也都是铁制的，在长江流域仍以青铜工具为多，但类型也多于以往。各地都大大改变了长期以来以木、石、骨、蚌来制作工具的局面。云梦秦律中有"田牛"和"其以牛田"的记载，表明耕作中已使用牛。但有关牛耕的具体情况在文献中记载极少，表明牛耕并不普遍。

铁农具使用的结果，既增强了开荒的能力，使可耕地面积增多，从而为社会提供更多的农产品，又可深耕。《孟子》《韩非子》有"深耕易耨""耕者且深、耨者熟耘"的说法，是当时普遍推行深耕的确证。《庄子》说："深其耕而熟耰之，其禾蘩以滋。"耰是除草和松土，若使耰和深耕配合起来，种出的谷物，不仅颗粒饱满，而且结实也更多。《吕氏春秋》说深耕的另一好处是："大草不生，又无螟蜮。"即可减轻草害和虫害。由于深耕的好处甚多，所以受到人们的普遍重视。

匡衡凿壁为"偷"光

匡衡（生卒年不详），字稚圭。祖籍山东海承（今山东苍山兰陵镇），至匡衡时，始迁居于山东省邹城市城关羊下村。他是西汉经学家，以说《诗》著称。元帝时位至丞相。

匡衡一家世代务农，没有一个读书人，家境十分贫困。匡衡小时候就喜欢读书，酷爱学习。但因家穷，少年时他只能给财主放牛、放羊。农忙季节，父亲还让他给地主打短工，做零活，帮助家里维持生计。

匡衡是一个有雄心大志、善于动脑筋为自己创造学习条件的聪明人。打短工时，他身边总是带着书，有空就拿出来看。哪怕在地头歇息的一点儿工夫，他也要看上几段书。由于他刻苦学习，充分利用时间，没多久就通读了《春秋》《诗经》《论语》《礼记》，甚至《尚书》《易经》。天长日久，他的学问越来越大，但是他从不自满，学习起来总是孜孜不倦。

白天，匡衡为财主干活，晚上不怕累，原想读点书，可是学习需要时间，也需要一定的环境，并且晚上看书更需要灯光。可他家里连做菜都舍不得用油，哪肯用油点灯呢？为了省油，天刚黑，母亲就催他早早睡觉。匡衡一心想读书，怎么能睡着觉呢？他常常在一片漆黑的房间里背诵文章，有背得流利的，也有丢字的。他想看书对照一下，没有灯，真是心急如焚。他心里烦，睡不着，耳朵就特别灵，隔壁吵吵嚷嚷的声音听得特别清楚。他走出草房，只见邻居财主家灯火通明——财主家经常大吃大喝，闹到半夜也不熄灯。可惜屋里隔了一堵厚墙，光线射不进来。

一天晚上，匡衡正在默诵文章，突然发现从墙缝里透过来一丝微弱的光，他惊喜不已，从此再也不愁无灯看书了。匡衡连忙捧着书，靠在墙边对着缝孔，贪婪地看了起来。他全神贯注，忘记了一天的疲劳和夜晚的倦意。第二天，他眼瞅着邻家财主出门会客，家中无人，他小心翼翼地在墙壁上钻个小洞，小洞一直穿透到隔壁，然后又用硬物小心地把小洞遮挡好。一到晚上，他就轻轻地把硬物挪开。果然，一束光线射了进来，他捧着书对着小孔，书上的字能看清楚了。从此，他每天晚上在自己的房间里，借着偷来的灯光勤奋读书。

匡衡的求知欲望越来越强。苦于无书可读，他又到处设法借书。真正书多的还是富人家，书是很难借到的。聪明的匡衡想出了一个好办法，他去向一个藏书多的富人借书，表示愿意给他做工，不要工钱，只借书看，富人答应了他的要求。匡衡读书很勤奋，白天做工，晚上看书，富人被他强烈的求知欲望和勤奋好学的精神所感动，就把全部藏书借给他看。没多长时间，他就把那个富人家的全部藏书读完了。

在随后的日子里，匡衡的书越读越多，越读越精，六艺经传他都有研究，最后终于成了博士。他这个博士可不一般，当时的学者都钦佩他，纷纷赞扬说："对经学研究透彻的除了匡衡之外，找不出第二个来。"这事连朝廷也知道了，汉宣帝就颁诏让他做了平原文学，之后还做过宰相。除此之外，匡衡还能诗善文，尤其善于解说《诗经》，常引经据典来议论国家政治得失。当时的儒生给他编了这么几句话："无说《诗》，匡鼎来；匡说《诗》，非人颐。"意思是说：你们不要随便地解说《诗经》呀，匡衡就要来了；匡衡解说的《诗经》呀，是那么生动，逗得人个个乐不停。

心灵物语

匡衡通过自己的努力学习和坚强毅力，一举成名。这个故事告诉我们，条件艰苦并不能成为学习的障碍，缺乏条件可以创造条件，学习的关键在于拥有顽强的意志。

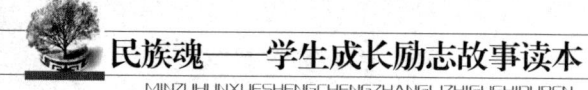

■ 史海钩沉

赤眉、绿林起义

西汉后期,阶级矛盾日益尖锐。首先,地主阶级对农民的土地兼并越来越激烈。汉成帝时,丞相匡衡本来就享有31万亩土地的租税,后来又扩占了四万多亩。成帝另一个大官僚张禹经常得到皇帝的赏赐,前后有数千万之多。他用这些钱买占民田四万多亩,都是泾水、渭水灌溉的肥沃好田。同时,西汉统治者政治黑暗,对农民的赋税剥削也越来越繁重。加上连年灾荒,农民死的死、逃亡的逃亡,再也无法生活下去。汉哀帝时的大臣鲍宣在一道上书里说,当时农民有"七亡(逃亡)""七死"。其中,"豪强大姓,蚕食亡厌(兼并土地无止境)"是"一亡","县官重责,更赋租税"是"一亡";"酷吏殴杀"是"一死","岁恶(灾荒年月)饥饿"是"一死"。它是西汉末年农民悲惨境地的生动写照。公元8年,外戚王莽篡夺汉朝刘姓政权,建立新朝。他企图通过实行复古"改制"来解决当时的社会矛盾,结果却使已经十分尖锐的阶级矛盾更加激化了。这样一来,一场席卷全国的赤眉、绿林大起义便爆发了。

■ 文苑荟萃

《史记》

西汉时期,史学家司马迁写了一部书叫《太史公书》,后来人们改称《史记》。这是我国古代第一部系统的纪传体历史著作。这部书记述了从传说中的黄帝时代到作者生活的汉武帝时代大约3000年的历史。鲁迅先生称赞《史记》为"史家之绝唱,无韵之离骚"。直到今天,它还是我们研究古代历史的重要参考文献。

董仲舒好学不赏园

董仲舒（公元前179—前104年），汉代广川郡（今河北省衡水市景县广川镇）人，汉代思想家、哲学家、政治家、教育家，西汉时期著名的唯心主义哲学家和今文经学大师。汉景帝时任博士，讲授《公羊春秋》。他把儒家的伦理思想概括为"三纲五常"，汉武帝采纳了董仲舒的建议，从此儒学开始成为官方哲学，并延续至今。其教育思想和"大一统""天人感应"理论，为后世封建统治者提供了统治的理论基础。时至今日，仍有学者在研究他的思想体系及故里等方面的文化，他的著作汇集于《春秋繁露》一书。

董仲舒自幼天资聪颖，少年时酷爱学习，读起书来常常忘记吃饭和睡觉。其父董太公看在眼里，急在心上，为了让孩子能歇歇，他决定在宅后修筑一个花园，让孩子能有机会到花园散散心歇歇脑子。

第一年，董太公一边派人到南方学习，看人家的花园是怎样建的，一边准备砖瓦木料。头一年动工，园里阳光明媚、绿草如茵、鸟语花香、蜂飞蝶舞，姐姐多次邀请董仲舒到园中玩。但他手捧竹简，只是摇头，继续看竹简，学孔子的《春秋》，背先生布置的《诗经》，丝毫没有在意正在建设的花园。

次年，小花园建起了假山，邻居、亲戚的孩子纷纷爬到假山上玩。小伙伴们叫他，董仲舒仍一动不动低着头，在竹简上刻写诗文，头都顾不上抬一抬。

第三年，后花园建成了。亲戚朋友携儿带女前来观看，都夸董家花园建得精致。父母叫仲舒去玩，他只是点点头，仍埋头学习。中秋节晚上，董仲舒全家在花园中边吃月饼边赏月，可就是不见董仲舒的踪影。原来，董仲舒趁家人赏月之机，又找先生研讨诗文去了。

随着年龄的增长，董仲舒的求知欲愈加强烈，遍读了儒家、道家、阴阳家、法家等各家书籍，终于成为令人敬仰的儒学大师。

公元前134年，汉武帝下诏征求治国方略。儒生董仲舒在著名的《举贤良对策》中系统地提出了"天人感应""大一统"学说和"罢黜百家，独尊儒术"的主张。董仲舒认为，"道之大原出于天"，自然、人事都受制于天命，因此反映天命的政治秩序和政治思想都应该是统一的。他把儒家的伦理思想概括为"三纲五常"。汉武帝采纳了董仲舒的建议，儒学开始成为官方哲学，并延续至清灭亡。

■心灵物语

治学须有大毅力。董仲舒三年不窥园的刻苦治学精神，终于令他成为儒学大师。他的这种求学精神也应成为我们当代青少年学习的典范。

■史海钩沉

董仲舒下狱

董仲舒喜欢谈论神秘莫测之事，善为灾异之说。元光五年（公元前130年），辽东高庙和长陵高园殿发生火灾，董仲舒推说其意，写成《灾异之记》草稿，尚未上书皇帝。主父偃私见其稿，因为嫉妒董仲舒，所以将《灾异之记》草稿偷窃出来上奏朝廷。汉武帝将它交于朝中诸儒审阅，因其中有讽刺时政的文字，汉武帝一怒之下，把董仲舒打下了大狱。虽然后来汉武帝看重他是著名的经学大师，又下诏赦免其罪，复为中大夫，让吾丘寿王向他学习《春秋》公羊学，但是董仲舒再也不敢谈论灾异了。

□文苑荟萃

董仲舒的传世名句

道源出于天，天不变，道亦不变。

君为臣纲，父为子纲，夫为妻纲。

 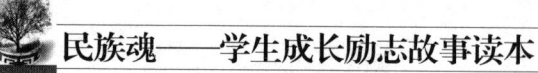

路温舒放羊借书读

> 路温舒（生卒年不详），字长君，巨鹿（今属河北）人。西汉著名的司法官，信奉儒家学说。起初学习律令，当过县狱吏、郡决曹史；后来又学习《春秋》经义，举孝廉，当过廷尉奏曹掾、守廷尉史、郡太守等职。宣帝即位，他上疏请求改变重刑罚、重用治狱官吏的政策，主张"尚德缓刑""省法制，宽刑罚"。路温舒"尚德缓刑"的主张受到重视，宣帝曾下诏在廷尉下面设置廷平四员，秩六百石，负责审理冤狱。

　　小时候的路温舒便梦想日后可以成为一个有学问的人。因为家境贫寒，上不起学，他就每天给别人家放羊，回来后向读书人学识字。如此日积月累，几年后，路温舒认识了不少字。

　　路温舒越是学习，求知的欲望也越强。他每天到田野里放羊，看见别人家的孩子进学堂读书很是羡慕。他常常想：我上不了学堂，如果能一边放羊一边读书也行啊，可是书也买不起呀。那时的书，是把字刻在竹简或木片上，或者用墨写在上面，用绳子穿连起来，称作竹简书。竹简书非常笨重，一篇文章要刻写好几捆，没有三五天的工夫是办不到的。还有帛书，像路温舒这样连帛做的衣服都穿不上，哪有钱买帛抄书？因此，他只能一边放羊，一边回忆背诵读过的书。

　　俗话说得好，世上无难事，只怕有心人。路温舒虽然买不起书，但他没有忘记读书，连睡觉时也想着读书。他想：为什么不向人家借点书读呢？于是，他就向有书的人家去借，今天借，明天还，后天再借。如此频繁借还，一年过去了，他才读到了一些有益的书。

书读得越多，路温舒越感到读书的乐趣，好像沙漠中的一个跋涉者，遇到一片绿洲，喝该绿洲的水觉得甘甜无比。路温舒读了一年以后，眼界开阔多了，书中的知识像草尖上闪亮的露珠那样新鲜，那么具有诱惑力。

一天，路温舒在放羊的草滩上，让羊儿自由自在地啃草，自己背诵读过的书，他背诵得如流似水。可是背着背着，有一个句子想不起来了，为了这句话，他不得不去登门求书，向人家去借书看，当他查到这个句子的时候，又厚着脸皮向主人索笔求墨，把这个遗忘的句子写在自己的袖襟上，主人看到路温舒那么酷爱读书，也很受感动，干脆把这本书赠送给他了。他常常以袖襟自勉自励：温舒，你要每天读书不间断啊，免得遗忘各句箴言，枉自惭愧。

光阴似箭，又是一年。一天，路温舒挥动着柳条儿驱赶着羊群往前走，不小心脚踩在泥坑里，也不在意，坚持背诵着刚刚学过的新书。他把羊赶到溪水畔的绿野之中，坐在草窝里，用柳条当笔，用地当纸写起字来。

那是一个夏天的上午，路温舒一边朝前赶着心爱的羊群，一边背诵着他学过的诗文，不知不觉地把雪白的羊群赶到一片"圣地"。他瞪眼一看，这是个什么样的地方呀？他之前从没有来过。在路温舒的眼前，呈现出层层叠叠的绿影和一个方圆十顷左右的池塘。哎呀，这走到哪里来啦？他如梦方醒，悔恨只为背书走错了路。但定睛一看，他又转忧为喜，发现这是一个幽美的地方，不禁赞道：在这样的地方读书一定很舒适，安宁易学，多幸福自由啊！

顺着蛙鸣声，路温舒往池边走去，忽然看见那里长着茂盛的蒲草。蒲草叶又宽又长，有大人的巴掌宽，阳光照在上面泛着绿莹莹的光，真招人喜爱。他心头一亮，啊，用它写字不是和竹简、丝帛一样吗？用蒲草做成书本不用花钱又轻便，放羊时可以带着学习。于是，他挽起裤脚到蒲草丛里弯着腰用劲地拔，只见他满头大汗，鼻尖和脸蛋上还蹭上了稀泥。

一会儿，路温舒上了岸，把晒蔫的蒲草捆成一大捆。羊群在前边悠闲地走着，他背着蒲草回到家。到家后，他立刻动手，用剪刀把蒲草裁成有棱有角一张一张的小片，找一块光面石头把它们压平，压得整整齐齐，用绳子一片一片串起来，真像一本本厚厚的书。他从邻居家借来书，把文章一段一段地抄写在蒲草叶上。就这样，他做成了不知多少本"蒲草书"。没过多久，他的屋里堆起了蒲草的书山，他在自己开拓的书屋里，如羊儿吃草，如鱼儿得水一样，畅快地读起了"蒲草书"。

有了蒲草书，路温舒再也不愁没书读、没本写字了。他更加勤奋，刻苦自学，孜孜不倦。他每次放羊，都带着这种书本，一边放羊，一边读书，回家也是废寝忘食地读书。

靠这些蒲草书，路温舒掌握了丰富的知识。后来，他当了狱吏，仍奋发图强，并盖了三间书屋。他背诵过的书，码起来顶着屋梁，仅用蒲草抄成的书籍，就满满当当地装了两屋子。由于路温舒不怕困难，刻苦自学，终于从一个放羊娃成为西汉著名的学者，一个赫赫有名的法律学家。

心灵物语

"书山有路勤为径，学海无涯苦作舟"，路温舒这种苦读的精神是我们学习的榜样。

史海钩沉

西河朔方之战

汉匈奴西河朔方战役发生于汉武帝元朔三年（公元前126年）。匈奴军入袭上谷、渔阳地区，汉军以车骑将军卫青率军5万，对匈奴白羊、楼烦王部进行远距离的包围迂回，大获全胜，匈奴白羊、楼烦王仅率少数骑兵远逃。

汉匈奴自汉武帝元朔元年（公元前128年）的雁门战役后，双方都在策划新的作战行动，我国北方地区正孕育着新的大规模战争。

在此战役前，西汉已于雁门战役中，卫青军斩获敌数千人，这是汉武帝与匈奴军作战以来取得的首次较大胜利，也是青年将军卫青率兵出征的第二次胜利。这一胜利，有利于稳定西汉王朝在北部边境的态势，增强了西汉王朝进一步向匈奴主动进击的战略决心。同时，对汉王朝的军心士气也有一定的鼓舞作用。从此，卫青便以汉武帝时期抗匈主将的显赫地位，担负起汉军作战统帅的重任。

□文苑荟萃

楼兰古城

楼兰是中国古代鄯善国的一个重要城镇，丝绸之路上的一个枢纽，中西方贸易的一个重要中心。在战争年代，这里也是中原与匈奴、吐蕃的必争之地。

楼兰城有它繁华的岁月。那时，城内桎柳依依，有雄壮的佛寺和宝塔，有整齐的街道，居民人数达到1.4万多，中外客商在这里会集，市场热闹非凡。但是，唐代以后，这座著名的古城默默地从中国历史上消失了，它的踪迹也成为历史学家深感兴趣的谜团。

中原地区知道楼兰是从西汉开始的。西汉初年，大探险家张骞出使西域，跋涉万里之遥，开拓丝绸之路。张骞到过西域重镇楼兰，从此以后，中原人才知道楼兰的存在。根据张骞的亲身经历，司马迁在《史记》中正确地记载说："楼兰、姑师邑有城郭，临盐泽。"就是说，楼兰城有城郭护卫，靠近罗布泊。他还记载说，楼兰"出玉，多葭苇、桎柳、胡杨、白草，民随畜牧逐水草，有驴马，多橐驼"，详细地记载了楼兰的风土人情，这是中国历史文献上第一次记载楼兰城。

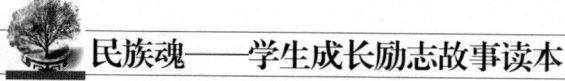

侯瑾借书燃薪夜读

> 侯瑾（生卒年不详），约汉灵帝、献帝间前后在世（约公元190年前后）。字子瑜，甘肃敦煌人。少孤贫，依族人居。他向来好学，为人佣作得资，暮还，燃薪而读。常以礼自守，不欺暗室。州郡累召，公车以有道徵，并称疾不到。后徙入山中，静思著述。西河人敬其才，不敢呼名，皆称侯君。侯瑾曾作《矫世论》以讥刺当世。又以莫知于世，作《应宾难》以自寄。又案《汉记》，撰中兴以后行事为《皇德传》三十篇，行于世。余所作杂文数十篇，多亡失。

　　侯瑾是汉朝人，从小就特别喜爱读书，但是，由于家中非常贫困，没有钱供他上学。汉朝时期，由于书籍是用特制的竹片或木片书写后连缀而成，所以制作很不容易。一种书，往往只有一部或几部，不像今天这样能够印刷发行很多，而且书价很昂贵，一般的贫穷人家是买不起的。因此，侯瑾虽然喜爱读书，但却读不到书。

　　怎么办呢？侯瑾左想右想，终于想出了一个主意，到学校去当帮工，这样待在学校里，能接触到学校的老师，也能接触到学生，还有可能看到他梦寐以求的书籍。于是，侯瑾跑了好几所学校，终于有一所学校答应留下他到厨房做帮工。

　　侯瑾高兴极了，索性把铺盖也搬到了伙房。白天，他勤勤恳恳为学校的老师和学生做饭，并有意识地去与他们结交。一段时间之后，他与学校的人都混得很熟了，便向他们提出：能不能把书借给他阅读？

几位老师和学生被侯瑾诚恳求学的精神打动了，答应借书给他读。但由于他们白天自己学习需要这些书，只能夜里借给侯瑾读，第二天必须还给他们。如果侯瑾一晚上读不完，第二天晚上再接着借。尽管只能在夜里读书，侯瑾还是欣喜若狂，他终于有书可读了，这正是他朝思暮想的。

侯瑾借来了书，又迫不及待地开始阅读起来。天黑了，而侯瑾又点不起灯，怎么办呢？

看着炉火点点，侯瑾心头一亮，有了！伙房内有许多柴，何不把柴在炉子中点燃发光，这样不就有亮光看书了吗？

于是，侯瑾往炉子中加了一块柴，亮光出现了，书能看得见了，侯瑾又接着专心致志地读下去。

为了晚上能有充足的木柴点火读书，白天侯瑾千方百计多打些柴回来，除作为炊事燃用外，余下的足够每晚看书之用。有时，遇上阴雨天，柴草被淋湿，燃火不易，常常浓烟四起，亮光也很小，侯瑾全然不顾。为了看清楚书，他凑近炉子的火口，常常被浓烟熏得泪流满面，大咳不止。每当如此，看完书后，第二天他的双眼总是又红又肿。

正是靠着坚持不懈、不畏艰苦的燃薪夜读，侯瑾阅读了大量的书籍，获得了丰富的知识，后来成为汉代学识渊博的有名之士。

■ 心灵物语

不论外部条件多么艰苦，有志者事竟成。只要有坚定的学习信念，就能克服重重困难，就能实现自己的目标。

■ 史海钩沉

刘邦与大风歌

刘邦起兵反秦后，一直南征北战，几次身负重伤。后来虽然当了皇帝，但为了清除一批诸侯王的力量，解决一些有功大臣对皇权的威胁，为继位人铺平统治道路，他又不得不带病亲自出征，平息一些诸侯王的叛乱。当刘邦把对皇权的威胁者、反叛者一个个处置之后，在他可以安下心来当皇帝的时候，他的生命之火也快燃尽了。

刘邦在平息英布的叛乱中，为流矢所伤，这使他本来就有病的身体更加虚弱了。但他在回军路过自己的家乡沛县时，心情很高兴，还强作精神，与家乡的父老兄弟饮酒作乐十余天。

刘邦在沛县休养时还创作了一首《大风歌》，他边饮酒边自己敲着筑（一种弦乐器，不弹而用竹击）唱这首歌。歌词只有三句：

大风起兮云飞扬，

威加海内兮归故乡，

安得猛士兮守四方！

■文苑荟萃

蔡侯纸

蔡侯纸是东汉和帝时蔡伦监造的。蔡伦（？—121年），字敬仲，桂阳（今湖南彬州）人。他虽然只是一位宦官，却颇有才学，曾执掌皇家的工场，监造各种器械。凡是由他监造的产品，"莫不精工坚密，为后世法"，即成为以后人们生产这种东西的榜样。蔡伦堪称精于制造的专家。

在民间，蔡伦发明造纸术之前200余年，就有以植物纤维制纸的工艺，这种工艺主要使用的是大麻和苎麻，工艺粗疏，产品质量很差。蔡伦精心总结了民间造纸的经验，改进了造纸的工艺，又选用价格便宜的树皮、麻头、破布、废渔网等作原料，终于制成了质地轻薄、价廉耐用的书写材料——纸。蔡伦后被封为"龙亭侯"，故而世人称他监造的纸叫"蔡侯纸"。

贾逵隔篱听课五年不辍

贾逵（30—101年），东汉经学家、天文学家。字景伯，扶风平陵（今陕西咸阳西北）人，曾任侍中。明帝时，利用朝廷尊信谶纬，上书说《左传》与谶纬相合，可立博士。与今文经学的李育相辩难。章帝时，屡次上奏称《古文尚书》与《尔雅》相应，提高了古文经学的地位。又精通天文学，首先提出在历法计算中应按黄道来计量日、月的运动，并发现月球的运动为不等速。所撰作品有《春秋左氏传解诂》《国语解诂》等，已佚。

贾逵出身贫寒，父亲贾徽在贾逵幼年时就外出求学去了，常年在外。贾逵同母亲、姐姐在一起，过着贫苦的日子。

贾逵自幼聪慧好学。5岁那年，有一天他到院子里玩，忽然听见附近的私塾里传来了一阵阵读书声。私塾外围有一层篱笆，贾逵人小个矮，就嚷着让姐姐抱起他看个究竟。姐姐抱起贾逵，小贾逵手抓篱笆往里一看，原来是私塾老师正领着学生在诵读经书。小贾逵羡慕极了，情不自禁地跟着老师诵读，久久不肯离去。姐姐见弟弟如此喜欢读书，于是每天抱着他隔篱听课。

小贾逵学习持之以恒，一年四季坚持不断。有时姐姐没时间陪他去，他就自己趴在篱笆旁听课。遇上风雪天，他也照听不误，小脸蛋与双手冻得通红，也不肯回家。

就这样，暑去寒来，贾逵隔篱偷学了5年，对老师讲授的《五经》

与《左传》竟能全文背诵下来了。10岁那年,父亲贾徽求学回家,发现儿子对经书十分熟悉,能背诵《五经》,非常惊喜。姐姐向父亲述说了贾逵的5年苦学,贾徽听后,赞叹不已。

贾徽也是研究经学的一位学者。所谓经学,就是解释和阐述儒家经典著作的一门学问,东汉时颇为盛行。贾徽曾经向西汉末年的著名古文经学派开创者刘歆学过《左传》,功底很深。他发现贾逵虽然能背诵《五经》与《左传》,但对经学的微言大义并不甚理解,而且贾逵隔篱听课时没有教材,文字写作能力差。针对儿子的薄弱环节,贾徽因材施教。在父亲的指导下,贾逵剥下庭中桑树皮做书版,对着教材边读边默写。桑树皮用完了,他就在门上、墙壁上写,等把写下来的东西背熟了,又涂掉另写。

贾逵就这样刻苦地自学,而且10年从不中断。当他刚满20岁的时候,竟令人惊奇地为《左传》和《国语》写了51篇注释。贾逵的名声传遍乡里,不少好学的青少年纷纷前来求教,大家都把他的教书生活称为"舌耕",以赞扬他的勤奋刻苦精神。

心灵物语

艰难困苦全不顾,功夫不负有心人。贾逵堪称我们青少年学习的楷模。

史海钩沉

张骞出使西域

一提到西域,人们就会想到位于我国西陲的新疆地区。那里,北面是蜿蜒延伸的阿尔泰山,南面是巍峨高峻的莽莽昆仑。在这两大山脉之间,又横亘着绵延的天山山脉。在天山南、北各有一个盆地,北面是准噶尔盆地,南面是塔里木盆地。塔里木盆地西枕葱岭(今帕米尔高原),东接历尽沧桑的古代盐泽(又叫蒲昌海,今罗布泊)。在塔里木盆地的中央,是浩瀚如海、一望无际的塔克拉玛干沙漠,著名的塔里木河贯穿沙漠从西向东缓缓流过。在这河山壮丽，景色迷人的山山水水之间，又点缀着许许多多丰美的草地和绿洲。那里有流水环绕的田舍、绿树掩映的村庄、自由奔驰的马匹和牛羊。

但是，在西汉时期，西域的范围不仅包括现在的新疆地区，还包括跟这一地区山水相连的葱岭以西，一直到现在俄罗斯的巴尔喀什湖一带，甚至更西、更远的地区，当时也泛称西域。

当时，西域各族建立了许多"行邦"和"城邦"。早在2000多年以前，西汉时期的杰出外交家张骞和他的随从就肩负着汉武帝的政治使命，两次出使西域，开辟了至今誉满中外的古代"丝绸之路"。

张骞通西域，在中国史、亚洲史，尤其是在东西交通史上，都有着深远的意义和影响。中外学者有的把张骞的行为跟哥伦布"发现"美洲相提并论，有的把张骞称为"中国的利文斯敦"。尽管这种类比未必恰当，但却说明张骞在历史上的杰出贡献是人们所公认的。

文苑荟萃

丝绸之路

养蚕缫丝，织造绸绢，是我国劳动人民的发明创造，在古代世界久负盛名。古希腊罗马称中国为"丝国"，中国丝绸是古罗马贵族喜好的高级消费品，其价格几乎和黄金相等，所以古代中国和西方交往的商道被称为"丝绸之路"。这条非常艰险的商路的开通，与汉武帝时探险家张骞的活动关系密切。

在张骞之前，中原的人们认为西方是一个神奇的世界。有的说那里沙漠无边无际，红蚁巨似大象，黑蜂大如葫芦，五谷不生，滴水不见，谁要去那里只是自寻灾祸；有的又说那里有黄河的源头昆仑，高达2500多里，是太阳和月亮交替休息的老家，上面有仙人西王母的瑶池，从前周穆王曾有幸去那里做客。张骞敢于到这样的地方去闯新路的起因则是汉武帝为了寻求与邻国夹攻匈奴的战略目标。

韩干画马住马厩

> 韩干(生卒年不详),京都地区(今陕西西安)人,唐代杰出画家。官太府寺丞。擅画肖像人物,尤工画马,着重描绘马的风采神态,对后世影响很大。画迹有《姚崇像》《安禄山像》《玄宗试马图》《宁王调马打球图》《龙朔功臣图》,均录于《历代名画记》《内厩御马图》《圉人调马图》《文皇龙马图》等52件,辑于《宣和画谱》。传世作品有《牧马图》,录于《故宫名画三百种》。

韩干小时候一天学也没上过。他的父亲是个老羊倌,只懂得一点儿绘画本领。每当韩干与父亲一起放羊时,他便学着父亲的样子,拿着石子在地上画来画去。久而久之,他画的东西越来越形象、越来越逼真了。

为了能挣点钱拜师学画,在韩干刚满12岁那年,父亲便把他送到了一家小酒店去当伙计。这个活又苦又累,每天酒店里所有的杂活都要由韩干去做,而当完事后,他还要替店主人给各处的主顾送酒。

每天晚上,韩干都累得直不起腰来。然而,韩干趁主人休息后,便不顾疲惫开始画自己的画作。他住的那间堆放杂物的小屋内,油灯往往都是一亮到天明。

有一次,有人让韩干给当时的著名诗人、画家王维家里去送酒。当韩干挑着酒担找到王维家时,王维恰好不在家。他久等无聊,就用柴杆在地上胡乱画些人和马。王维回家后看了他的画,觉得他很有绘画的才能,就鼓励他去学画,并且在经济上给予他很大的帮助。从此,韩干就离开了酒店,跟当时的著名画家曹霸学画。经过十余年的刻苦学习,他的绘画艺术已有很深的造诣了。

唐玄宗听到他的名声后,便将他召入宫内作画,并要他向宫廷内的一位画马名家陈闳学习画马,但是他并没有照着做。唐玄宗问他是什么原因,他回答说:"我有我的老师,皇上马厩里的那些马就是我的老师。"

原来,韩干在皇帝的马厩里日夜观察,钻研各种马的共同点和不同点。经过长期的观察,使韩干对马的习性、神态都有了深刻的了解。他在马厩里一住就是4年。在4年之后,再看他笔下的马,可谓神骏、雄健、跃然欲动,连当时的画马名家都称赞说韩干超过了他们。

心灵物语

韩干数年如一日,在恶劣的环境下刻苦学画,其精神是我们当代青少年学习的榜样,让我们认识到,要想成功,在学业上有所作为,就必须要下一番苦功。

史海钩沉

革新吏治

唐玄宗时期对吏治进行了整治,提高了官僚机构的办事效率。他采取了很多的有效措施:第一,精简机构,裁减多余官员,把武则天以来的许多无用官员一律裁撤,不但提高了效率,也节省了政府支出。第二,确立严格的考核制度,加强对地方官吏的管理。在每年的十月,派按察使到各地巡查民情,纠举违法官吏,严惩不贷。第三,将谏官和史官参加宰相会议的制度予以恢复。这本是唐太宗时期的一种制度,让谏官和史官参与讨论国家大事,监督朝政。到了武则天主政之后,提拔了许敬宗和李义府等

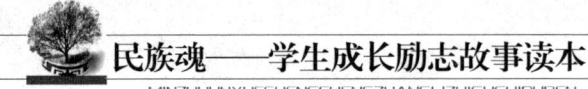

人做宰相,有的事不敢再公开,因此将这种制度废除了。第四,重视县令的任免。唐玄宗认为郡县的官员是国家治理的最前沿,和百姓直接打交道代表了国家形象。所以,唐玄宗经常亲自出题考核县官,确切地了解这些县官是不是真正称职;如果考试优秀,可以马上提拔;如果名不副实,也会马上遭到罢黜。

唐玄宗知人善任,赏罚分明,办事干练果断,这是他能开创开元盛世的主要原因。

□文苑荟萃

大衍历

大衍历亦称"开元大衍历"。唐开元十七年(729年)起施行29年的历法,一行撰。因立法依据《易》象大衍之数而得名。一行测各地纬度,南至交州北尽铁勒,并步九服日晷,定各地见食分数,复测见恒星移动。15年而历成。共分7篇,包括平朔望和平气、72候、日月每天的位置与运动、每天见到的星象和昼夜时刻、日食、月食和五大行星的位置。后世历家遂相沿袭用其格式来编历。

《新唐书·历志一》:"唐终始二百九十余年,而历八改。初曰戊寅元历,日麟德甲子元历,曰开元大衍历。"又《历志三上》:"开元九年,麟德历署日蚀不效,诏僧一行作新历,推大衍数立术以应之,较经史所书气朔、日名,宿度可考者皆合。十五年,草成而一行卒,诏特进张说与历官陈玄景等次为《历术》七篇、《略例》一篇、《历议》十篇,玄宗顾访者则称制旨。"陈遵妫《中国天文学史》第六编第二章五:"一行在梁令瓒和南宫说观测资料的基础上,编撰了大衍历;当时很少经过这样充分准备而后编造的历法,因而大衍历被称为唐历之冠,列为好历,可以说是理所当然的。"

白居易苦学臂起茧

白居易(772—846年),字乐天,河南新郑东郭宅人。晚年又号香山居士。我国唐代伟大的现实主义诗人,中国文学史上负有盛名且影响深远的唐代诗人和文学家。他的诗歌题材广泛,形式多样,语言平易通俗,有"诗魔"和"诗王"之称。官至翰林学士、左赞善大夫。有《白氏长庆集》传世,代表诗作有《长恨歌》《卖炭翁》《琵琶行》等。白居易故居纪念馆坐落于洛阳市郊。白园(白居易墓)坐落在洛阳城南琵琶峰。

白居易的祖母和母亲都是有文化的人,他从小受到家庭的熏陶,很早开始识字,五六岁时就练习作诗,9岁时便懂声韵。由于当时社会动乱,白居易在11岁时便离家出游,南北奔走。

由于白居易很小就接触了社会,看到了民不聊生的现实,并立下了改革政治、救济人民的大志,这促使他更刻苦地读书、写诗。他白天学赋,夜间读书,还挤出时间写诗。他每学一课书,都要反复诵读,一直读到不仅能背诵,而且能深刻领会诗的意境。据说,他因读书读得太多,连嘴唇的皮都磨破了,生了很多疮;写字写得太多,连手臂上也磨起了一层很厚的老茧。他就是这样以坚毅苦学的精神,获得了"少年有为诗人"的美誉。

"离离原上草,一岁一枯荣。野火烧不尽,春风吹又生。"这是白居

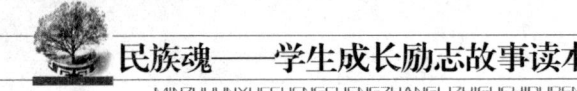

易9岁时作的诗,后来成为千古流传的佳作。

白居易15岁时,拿着自己写的诗稿到长安,向当时有名的诗人顾况请教。顾况一看白居易,心想:一个乳臭未干的毛孩子,能写出什么好诗来。再一看,诗稿作者的名字是"白居易"三个字,便哈哈大笑起来说:"长安米贵,居可不易啊!"他根本瞧不起面前的诗人。但是当他读了上面那首诗时,不禁拍案叫绝:"好诗,有这样好的诗句,居天下也不难啊!"他连忙起身重新以礼相待,再也不敢轻慢了。

白居易成名以后,仍然勤奋不息,继续下苦功夫作诗。他的诗以平易自然见长,但是平易不流于浮浅,自然不陷于庸俗。反复品味,足见作者在锻炼字句上所下的功夫。相传白居易每作一诗,必先读给邻居家一个不识字的老婆婆听,问她:"你觉得怎么样,能听懂吗?"如果老婆婆说听不懂,或说不好,他就反复修改。当时有人对他这个著名的大诗人向一个不识字的老妪请教很不理解,认为"俗气"。可白居易却不那么认为,他说:"我写诗是给人看的、听的,如果人家看不懂、听不懂,那又何必写呢?"这足以证明白居易创作时的严肃态度和刻苦精神。

▢心灵物语

正是因为白居易作诗刻苦认真,又能虚心向别人请教,所以才成为历史上的著名诗人。白居易这种认真苦学、虚心求教的精神值得我们当代青少年学习。

▢史海钩沉

甘露之变

唐文宗时期,发生以李训郑注为首的反宦官专权事件。文宗时牛李党争,相互倾轧,两党均与宦官集团有联系。文宗起用下层官员李训、郑注。郑注本姓鱼，擅长医术，李训通经学，中过进士，曾因事被流放。两人均通过权阉王守澄入仕，但未成为宦官集团一部分，而是成为反宦官首领。李训、郑注利用两党党争，先后贬黜两党党魁李德裕、李宗闵及许多两党官员。太和九年（835年）再利用宦官集团内部矛盾有力地压制了宦官势力。太和九年底，在条件不成熟的情况下谋划围歼宦官（以天降甘露为名，骗宦官观看，一举全歼宦官），为宦官仇士良看破，劫持文宗，派禁军大肆屠杀，李训、郑注等皆死。

□文苑荟萃

均田制

　　均田制是中国古代北魏至唐中叶封建政府推行的土地分配制度。西晋末年，中国北方在长期战乱之后，户口迁徙，土地荒芜，国家赋税收入受到严重影响。为了保证国家赋税来源，北魏孝文帝于太和九年（485年）颁布均田制并开始执行。

　　主要规定：1.男子15岁以上，授种粟谷的露田40亩，妇人20亩。奴婢同样授田。耕牛1头授口分田，限4头牛。授田视轮休需要加倍或再加倍。授田不准买卖，年老或身死还田，奴婢和牛的授田随奴婢和牛的有无而还授。2.男子授桑田20亩。桑田世业，不必还给国家，可传给子孙，可卖其多余的，也可买其不足20亩的部分。产麻地男子授麻田10亩，妇人50亩，年老及身死后还田。受田以后，百姓不得随意迁徙。贵族和官僚可以通过奴婢和耕牛另外获得土地。地方官吏按官职高低授给数额不等的职分田，刺史15顷，太守10顷，治中、别驾各8顷，县令、郡丞各6顷，不准买卖，离职时交于继任者。

　　北齐、北周、隋、唐都沿用均田制，具体办法有所变更。北齐男子18岁开始授田。唐代女子不授田，男子授永业田20亩，口分田80亩，狭乡减半。永业田、口分田均不得买卖，但迁徙和身死无力营葬者可卖永业田，从狭乡迁往宽乡者可出卖口分田。

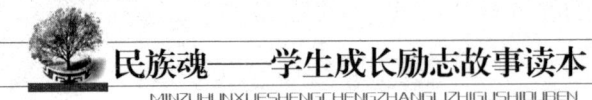

岳飞习字沙作纸

> 岳飞（1103—1142年），字鹏举，相州汤阴（今河南汤阴县）人。著名军事家、抗金名将，南宋中兴四将（岳飞、韩世忠、张俊、刘光世）之一。

因遭水灾，岳飞小时家里一贫如洗，全家依靠母亲做针线活、纺纱织布赚得几文钱以维持生计。

家境虽然贫寒，岳飞却酷爱读书。在母亲的教诲下，他白天上山拾柴时就能利用空余时间读书写字。晚上没有油灯，就把白天拾来的枯柴点起来照明诵读。无钱买纸笔，他就把路边的细沙背回家来铺平当纸，用树枝作笔，一笔一画地练习写字，写了一遍抹平又写，反反复复从不厌倦。

岳飞很聪明，又很用功，没有多久，他的学问就大有长进。母亲看见岳飞聪明好学，心中有说不出的高兴。后来，岳母就到附近的私塾里去找老师，宁可自己省吃俭用，也要给岳飞交学费，让他到学校深造。岳飞得到了学习的机会，苦读了几年书，学问增长很快。

在岳飞十几岁时，家里实在太穷，只得停止读书，到一个大地主家干活。那时，尽管农活非常繁重，日子艰难困苦，但是岳飞从不放弃练武和读书。

白天劳动之余，夜间休息之时，岳飞就读书写字，有时甚至通宵不眠。他有很强的记忆力，不论什么书看了就会背。他无书不读，尤其喜欢《春秋左氏传》和孙、吴兵法。岳飞通过勤奋苦读，写得一手好文章。他写的文章思想细致，分析精密，判断力很强。他作的诗词，意气豪迈，感情充沛。他还练就一手好字，笔法纵逸，尤其擅长行书。

岳飞从小一边读书，一边练武，19岁就能挽弓300斤、弩8石。后来，在周侗老先生和著名枪手陈广的传授下，他成为武艺超群的人物。

在20岁那年，岳飞怀着抗击侵略者、收复中原的壮志从军，母亲在他背上刺了"精忠报国"的训词。后来，岳飞以自己的实际行动实现了这个誓言，成为南宋著名的抗金名将。

心灵物语

"莫等闲、白了少年头，空悲切……"表达了岳飞的满腔抱负，从中我们也能体会到岳飞珍惜时间、发愤图强的决心和意志。正是因为岳飞的勤学苦练，才建立了后来的不朽功勋。

史海钩沉

"莫须有"罪名

第四次北伐失败后，岳飞父子被秦桧以谋反罪名予以逮捕审讯。虽然找不到证据而无审讯结果，赵、秦最终决定杀害岳飞父子和张宪，而秦桧创造发明了"莫须有"的罪名。韩世忠当面质问秦桧，秦桧其词"其事莫须有（难道没有这样的事吗）"。绍兴十一年农历十二月廿九（1142年1月27日）除夕之夜，一代名将岳飞及其儿子岳云、部将张宪在杭州大理寺风波亭内被杀害。岳飞被害前，在风波亭中写下八字绝笔："天日昭昭，天日昭昭。"

岳飞被害后,狱卒隗顺冒着生命危险,将岳飞遗体背出杭州城,埋在钱塘门外九曲丛祠旁。隗顺死前,又将此事告诉其友,并说:岳元帅尽忠报国,今后必有给他昭雪冤案的一天!岳飞沉冤21年后,绍兴三十二年(1162年),宋孝宗即位,准备北伐,便下诏平反岳飞,追封鄂王,谥武穆、忠武,改葬在西湖栖霞岭,即杭州西湖畔"宋岳鄂王墓",并立庙祀于湖北武昌,额名忠烈,修宋史列志传记。

■ 文苑荟萃

满江红

岳 飞

怒发冲冠,凭栏处,潇潇雨歇。
抬望眼,仰天长啸,壮怀激烈。
三十功名尘与土,八千里路云和月。
莫等闲、白了少年头,空悲切。
靖康耻,犹未雪;臣子恨,何时灭?
驾长车、踏破贺兰山阙。
壮志饥餐胡虏肉,笑谈渴饮匈奴血。
待从头、收拾旧山河,朝天阙。

陈际泰借书苦读

> 陈际泰（1567—1641年），字大士，江西临川人，流寓汀州。生于明穆宗隆庆元年，卒于庄烈帝崇祯十四年，享年75岁。著有《太乙山房集》14卷，《明史艺文志》及《易经说意》《周易翼简捷解》《五经读》《四书读》，均载《四库总目》传于世。

陈际泰自幼家贫，父亲务农为生，一家祖祖辈辈从没出过一个读书人。陈际泰天生聪明，虽无家学熏陶，却喜欢读书学习。他看见邻居家的孩子拿着书本上学读书非常羡慕，请求父亲送他上学。然而家里没有钱交学费，父亲不允许他去。但陈际泰却是一个很有心计的人。在随后的日子里，他与邻居家一个读书的孩子交上了朋友，每天等那个孩子放学后，陈际泰就背着父亲偷偷去他们家学习，看他的读本，不认识的字就让那个小朋友教他。陈际泰就是这样如饥似渴地学习文化知识。

有一次，陈际泰去表兄家做客，偶然发现表兄家有一本《尚书》。这本书的四角都已经磨秃了，而且封面与前面几章已经丢失了。然而，陈际泰却如获至宝，请求表兄把书借给他。表兄爽快地把书送给了他。陈际泰把这本《尚书》带回家之后，几乎手不离书，看了一遍又一遍，终于弄懂了文意。《尚书》古奥艰深，许多读书人都望而却步，而一个10岁的孩子竟然能自学弄通它的大意，这在当时的确是一件十分了不起的事情。

还有一次，陈际泰到邻居家去玩，看到一本《诗经》放在坛子口上当坛盖用，心痛得不得了，就拿回家去阅读。父亲看见了很生气，骂了他一顿，又督促他到田里干活。到了田里之后，陈际泰又从怀里把《诗经》拿出来，找到一个高岗坐在那儿如醉如痴地读起来。

就这样，陈际泰通过艰苦自学，终于在12岁那年通过乡试。崇祯七年，年仅16岁的陈际泰中了进士，以后又成为文坛上的佼佼者。

■心灵物语

陈际泰刻苦读书，并没有因父亲的阻挠而退缩，这在当时是一种莫大的勇气。正是因为他这种百折不挠的精神，才使得穷苦出身的他少年成才！

■史海钩沉

夺门之变

夺门之变是明代将领石亨、太监曹吉祥等于景泰八年（1457年）拥明英宗朱祁镇复位的政变，又名南宫复辟。以石亨等攻破南宫门，奉英宗升奉天殿复辟，故名。正统十四年（1449年）八月，明英宗在土木之变中被俘。九月，兵部尚书于谦、吏部尚书王文等拥立英宗弟郕王朱祁钰为帝（即明代宗景泰景帝），遥尊英宗为太上皇。次年，英宗释归，被景帝幽禁于南宫。

景泰八年正月，景帝病重，不能临朝，石亨见帝疾甚，即与都督张軏、太监曹吉祥等密谋发动政变，拥英宗复辟，以邀功赏。是月十六日夜，徐有贞、石亨等引军千余潜入长安门，急奔南宫，毁墙破门而入，掖英宗登辇，自东华门入宫，升奉天殿，并开宫门告知百官太上皇已复位。

英宗复位后，下于谦、王文于狱。后又以谋逆罪杀于谦、王文，迫害于谦所荐之文武官员。论复辟功，对石亨、张軏、徐有贞等人分别晋官加爵。二月，废景帝仍为郕王，迁于西内。

文苑荟萃

《天工开物》

《天工开物》初刊于1637年（明崇祯十年），是中国古代一部综合性的科学技术著作。作者是明朝科学家宋应星。有人也称它是一部百科全书式的著作，外国学者称它为"中国17世纪的工艺百科全书"。作者在书中强调人类要和自然相协调、人力要与自然力相配合。

《天工开物》全书详细叙述了各种农作物和工业原料的种类、产地、生产技术和工艺装备以及一些生产组织经验，既有大量确切的数据，又绘制了123幅插图。

全书分上、中、下三卷，又细分为18卷。上卷记载了谷物豆麻的栽培和加工方法，蚕丝棉苎的纺织和染色技术以及制盐、制糖工艺。中卷内容包括砖瓦、陶瓷的制作，车船的建造，金属的铸锻，煤炭、石灰、硫黄、白矾的开采和烧制以及榨油、造纸方法等。下卷记述金属矿物的开采和冶炼，兵器的制造，颜料、酒曲的生产以及珠玉的采集加工等。

李四光14岁被保送留学

> 李四光（1889—1971年），中国著名地质学家，湖北省黄冈市回龙山香炉湾人，蒙古族。首创地质力学。中央研究院院士，中国科学院院士。

李四光是中国当代著名的地质学家，地质力学的创始人。他曾任中华人民共和国地质部部长，中国科学技术协会主席。

李四光出生在一个多子女的贫穷家庭里，家中兄弟姐妹七人，爷爷长期病卧在床。全家人就靠当教师的父亲的微薄收入来支持家用，日子过得很艰难。

李四光从小就很懂事，为了减轻家中的负担，他常常主动帮父亲、母亲干活。一有空，他就跟着父亲认字读书，他太想坐到教室里学习了。但由于家庭困难，他一直上不起学。

一天，李四光听说省城武昌开办了官办小学堂，不收学费，成绩优秀的学生还能被保送到日本去留学。李四光非常高兴，决定要去报考。

这天，李四光帮助母亲干完活后，认认真真地对父母亲说道："爸爸妈妈，我想去武昌报考小学堂上学。"武昌离李四光的家乡黄冈有100多里地，而且人生地不熟，他年龄又小，父母亲对此不放心，劝他道："等你长大了，再送你去读书吧！"

"长大了，就错过学习的好时光了，我想现在就去。我会照顾好自己的，请你们放心。"李四光诚恳地向父母请求，他不愿意错过学习的机会。

　　看着聪明好学又懂事的孩子，父母心动了。但他们还是放心不下，毕竟李四光一直没有上过学堂啊，能否考取也是一个问题。

　　"如果考不取，那就只有等以后你长大了再去武昌求学，怎么样？"父母亲向他提出了条件。

　　李四光见父母同意他去报考了，兴奋地点点头，答应了这个"条件"。

　　这真是来之不易的机会，李四光十分珍惜，他积极准备，决心要考取。父母为他筹借了一点儿盘缠，送他一人上路了。这是他第一次独自一人出远门。到了武昌，他马上跑到考点报名。人们见到他这个小孩子一个人来报名，而且又是从乡下来的，根本没有把他放在眼里。可是，等到考试一发榜，正是这位不起眼的乡下孩子考了第一名。

　　终于坐到小学堂里读书了，李四光按捺不住内心的激动。条件好了，他更加勤奋了，年年考试，他都是第一名，成了小学堂的一名优等生。

　　花落花开，冬去春回。几年过去了，李四光即将毕业。由于他学业一贯优秀，被学校保送到日本留学深造。这一年，他才14岁。

　　后来，李四光一直不断努力进取，在地质科学领域取得了很高的造诣，为新中国石油资源的开发利用作出了突出的贡献。

心灵物语

　　正是因为李四光儿时立志，坚定信念，才成为新中国作出巨大贡献的地质学家。可见，每个人从小就应立下自己的目标，并为之实现而付诸努力。

史海钩沉

第四纪冰川

　　从19世纪以来，就不断有德国、美国、法国、瑞典等国的地质学家到中国来勘探矿产，考察地质。但是，他们都没有在中国发现过冰川现象。因此，在地质学界，"中国不存在第四纪冰川"已经成为一个定论。可是，李四光在研究䗴科化石期间，就在太行山东麓发现了一些很像冰川条痕石的石头。他继续在大同盆地进行考察，并越来越相信自己的判断，于是在中国地质学会第三次全体会员大会上大胆地提出了中国存在第四纪冰川的看法。

关于冰川的多年研究，李四光在1937年完稿的《冰期之庐山》中得到了全面的阐述。这部书10年后才得以出版。

▢文苑荟萃

奇怪的大石

李四光是我国著名的地质学家。小时候，他喜欢和小伙伴一起玩捉迷藏的游戏，每次他都爱藏在一块大石头的后面。这块巨石孤零零地立在草地上。一听到小伙伴的脚步声，他就悄悄围着大石头躲闪。大石头把他的身影遮得严严实实的，小伙伴围着石头转来转去，也找不到他。时间长了，他对这块大石头发生了兴趣：这么大的一块石头，是从哪儿来的呢？李四光跑去问老师，老师想了想，说："这块石头恐怕有几百年的历史了，我小的时候它就在那儿了。"

"是谁把它放在那儿的呢？"

"听说天上常常掉下来陨石，也许它就是从天上掉下来的吧！"

"这么重的大石头从天上掉下来，力量一定非常大。它应该把草地砸出一个很深很深的大坑。可它为什么没卧进土里去呢？"

"这我可说不上来了。"

李四光又跑去问爸爸，爸爸也说不清楚。

这块突兀的大石头到底是怎么来的？为什么它的四周都是平整的土地，没有一块石头呢？这个问题李四光想了许多年，直到他长大以后到英国学习了地质学，才明白冰川可以推动巨大的石头旅行几百里甚至上千里。

后来，李四光回到家乡，专门考察了这块大石头。他终于弄明白了，这块大石头是从遥远的秦岭被冰川带到这里来的。经过进一步的考察，他发现在长江流域有大量第四代冰川活动的遗迹。他的这一研究成果，震惊了全世界。

第二篇
勤奋努力自学成才

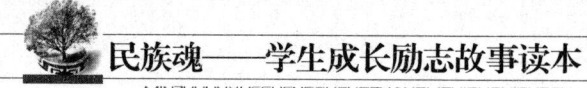

沈辚士终身笃学

> 沈辚士(生卒年不详),字云祯,武康(今浙江武康)人。南北朝时人,齐朝学者。

沈辚士自幼家贫,家里靠种地为生,有时也搞点副业,打草帘子上街去卖。由于家里生活困难,年纪很小的他就开始帮助家里干活儿。

沈辚士聪明好学,非常羡慕那些有机会到学馆上学的孩子。后来,他就恳求父母用卖草帘子赚的钱买了些书,日夜诵读。倘若遇到不认识的字,他就向邻居家上学的孩子请教。他学习非常勤奋刻苦,经常在打草帘子的时候把书放在旁边,一边编织草帘子,一边看书,口里还不停地诵读着。到田间干活时,他也把书带着,有空就拿出来读上几段。由于他勤奋学习,20岁左右的时候就精通《诗经》《论语》《尚书》《左传》《史记》等书,而且对诸子百家的著作也广泛涉猎,并逐渐成为一名了不起的学者。

元嘉年间,齐文帝让尚书仆射何尚之整理古籍,编撰五经,这需要一些学识渊博的学者通力合作才能完成,于是颁诏,访求各地有才学的人进京参与这项工作。消息传到吴兴武康县,知县就把沈辚士推荐上去。在编撰五经的过程中,沈辚士出力最多。书成之后齐文帝非常满意,何尚之也对沈辚士渊博的学识与勤奋的工作精神赞叹不已。何尚之感慨地对朝中大臣说:"想不到山野之中也有出类拔萃的学者啊!"

朝廷本想就此把沈驎士留下来在朝中任职，但他以疾病在身为理由拒绝了。五经编撰完之后，他又回到吴兴武康老家。这时，他的名望更高了，各地有名的学者都争着与他交游。回家之后他招收弟子，开始讲学。慕名求学的人成百上千，有的干脆把家搬到沈驎士的家乡来住，有的还在他家旁边盖起了房子，像这样的学生就有上百人。

沈驎士从少年时代至去世前夕始终笃学不倦。就在临去世的前几年，家里着了一场大火，把他一生辛苦积攒起来的四五千卷书籍烧毁了。这是他一生的心血，其中有不少还是他亲手抄写的书籍。望着那一堆化为灰烬的书籍，沈驎士心如刀绞。然而他并不气馁，就在当天夜里，他又向别人借来了书籍，开始了抄写工作。这时他已经是80岁的人了。如豆的灯光照着这位伏案抄写的白发苍苍的老人，使人们在他身上看到了一个学者励志专精的优秀品格。临终前，他终于又抄写了两三千卷书籍，并注有《周易》《尚书》《论语》《老子要略》等数十卷书。

■心灵物语

笃学不倦的精神犹如黑夜中的明灯，照耀着成功之路。做学问就要有坚定的意志和励志专精的品格。

■史海钩沉

后燕崛起

淝水之战后，慕容垂被苻坚派往邺城。当时镇邺的是苻坚庶长子苻丕。其时，丁零族翟斌在河北起兵，苻丕遂派慕容垂前去镇压。慕容垂欲乘机脱离前秦控制，晋太元九年（384年），在荥阳自称大将军、大都督、燕王，随后进兵围邺。这时，东晋北伐军已深入河南、山东，并正式开始北渡黄河，被围的苻丕向晋军求救。晋太元十年（385年），晋龙骧将军刘牢之被慕容垂打败，苻丕从邺城撤往晋阳。慕容垂占领整个河北地区后，于386年自称皇帝，定都中山（今河北定州），史称后燕。

刘勰为学不娶

> 刘勰(约465—520年),字彦和,南朝梁人。生活于南北朝时期。中国历史上著名的文学理论家。祖籍山东莒县(今山东省日照市莒县)。曾官县令、步兵校尉、宫中通事舍人,颇有清名,晚年在山东莒县浮来山创办(北)定林寺。刘勰虽任多官职,但其名不以官显,却以文彰,一部《文心雕龙》奠定了他在中国文学史上和文学批评史上不可或缺的地位。

刘勰出生在一个贫穷的农民家庭里。那个时候,腐败的朝廷不顾人民的死活,随意增加税收,苛捐杂赋多如牛毛。老百姓妻离子散,四处逃荒。刘勰的父母身体多病,干不了地里的活计,又不能带着年幼的刘勰外出讨饭,竟被活活地饿死了。父母死了之后,刘勰失去了依靠,每天只有靠邻舍的救济过活。

后来,刘勰长大了,艰苦的生活磨炼了他的意志,7岁的时候他就已经能够自理生活了。他每天早晨很早就到山上去打柴,然后再背到镇上去卖,换取微薄的收入来勉强维持生活。就这样,一年又一年,小刘勰慢慢地长大了。

10岁那年,有一次,刘勰同往常一样,从山上打了柴背着往镇上走。路过街道旁的学堂时,正好从里面传来了一阵琅琅的读书声,这声音一下子就把刘勰给吸引住了。他悄悄地走到学堂门前,侧耳倾听,一直到下课才走开。卖完柴,在回家的路上,刘勰一边走一边想:"我正愁没钱上学读书呢！这下可好，既可以学习，又不耽误做事。"从此，刘勰不管风吹雨打、日晒雨淋，每天都去听课，从不间断。

由于刘勰刻苦努力地学习，16岁的时候，就以学识渊博而闻名乡里。加上他本人干活又勤快，更是深得邻舍的称赞。古时候，男子16岁时就要把头发扎起来，谓之"束冠"，表示已经成人了。成人以后，按照一般的习惯就要成婚，即所谓成家立业。刘勰虽然没有父母，家境贫寒，但是凭他的人品，凭他的勤快，要想娶一个媳妇还是不成问题的。可刘勰却并不这样想。

刘勰有个邻居，对刘勰很关怀，总是帮这帮那。刘勰父母去世后，生活很艰苦，多亏这位邻居照顾，才使得他没有和父母一样被饿死。刘勰对这个邻居非常感激，他长大以后，也经常帮邻居干些粗活、重活。邻居家里偶尔有什么好吃的，也都要分些给刘勰吃。刘勰把邻居当父母，邻居把刘勰当儿子，两家人亲如一家人。

邻居有一女儿，比刘勰只小一岁，和刘勰从小青梅竹马，一起玩耍，一起长大，两人感情也颇深。刘勰成年以后，邻居曾多次暗示愿意把女儿嫁给刘勰，但是古代男女授受不亲，一般都需男方主动到女方家里去求婚，所以邻居的意思就是要刘勰赶快来求婚。刘勰是个聪明的小伙子，这点心思岂能瞒得住他？可他心里有自己的打算：如果结了婚，他就必须真正承担起一个家庭的责任；老人、媳妇、孩子，一大堆的家务活等着他干不说，整个家庭的生活就必须全靠他一个人来负担。他只能成年累月地忙碌奔波，以求得一家人能平平安安地生活下去。如果这样，他哪还有工夫来看书呢？他的著书立说的愿望不就成了泡影吗？不，不，不能这样！

没办法，刘勰只能装作什么也不懂的样子，仍和以前一样，不停地干活、看书，看书、干活。过了一段时间，邻居看到刘勰还没来求婚，也猜出了他的意思，就没有再强求。

谢绝了这一家，又来了那一家。随着年龄的增大，村里给刘勰说媒的人也越来越多，几乎踏破了他家的门槛。不管刘勰怎么婉言推辞，大家都不相信这么能干、这么有学识的小伙子会一辈子不娶媳妇。对于这

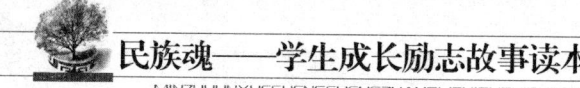

些热心人,刘勰无可奈何,只能报之以苦笑。

20岁的时候,刘勰为了表示自己笃学不娶的决心,收拾好行李,离开自己的家,搬到了附近的一个庙里,与和尚住在一起,一边帮和尚干些事,一边利用庙里的清静环境拼命读书。这样坚持了十几年,读了大量的书,他成了一个很有学问的人,特别是对佛教经典和文学理论很有研究。中国古典文学理论著作中,体系最完整、结构最严密的巨著——《文心雕龙》就是他的代表作。在历史上,这本书被称为艺苑之秘宝,影响很大。许多人对他的治学精神更是推崇,清代黄叔琳说:《文心雕龙》在于一个"心"字,如果能像刘勰那样用心读书和钻研,文章一定写得很好。

□心灵物语

刘勰下大决心实现著书立说的愿望,为做学问而不娶妻,他的这种笃学不娶的精神真是可贵。

□史海钩沉

北 朝

北朝时期自439年北魏灭北凉统一华北开始,至589年隋灭陈为止,经历北魏、东魏西魏对峙、北齐北周对峙三个时期,并包括隋立国至灭陈时期。北魏、东魏、西魏及北周由鲜卑族建立,北齐则由胡化汉人所建。

□文苑荟萃

南北朝学术思想

经由三国、两晋时期,儒学独尊的地位被破除后,到了南北朝时期的学术思想已经形成多元化的思想。在诸多的思想流派中,出现了以法治国、务实求治的主张和"无君论"等有价值的观点,也产生了消极颓废、遁世游仙的思想,其中影响最大的就是玄学思想。

郑虔柿叶练字

> 郑虔（685—764年），字若齐（一字弱齐、若斋），河南荥阳荥泽人，《新唐书》卷二零二有传。盛唐著名文学家、诗人、书画家，又是一位精通天文、地理、博物、兵法、医药近乎百科全书式的一代通儒，"诗圣"杜甫称赞他"荥阳冠众儒""文传天下口"。

年少时，郑虔对练字很感兴趣，一心想要练一手好字。但家里贫穷，常常吃了上顿没下顿，连件完整的衣服都穿不上，哪里有钱买纸练字呢？正在他苦恼时，听说长安城南的慈恩寺里贮存了几屋子的柿子叶。他想用柿子叶练字不也可以吗？他跑去慈恩寺一看，满满的几屋子柿叶子，他高兴得立即找到寺里的和尚，说："师父，我要租间房子，您最好能把靠近贮存柿叶的房间租给我。"

那些破屋子夏不避雨，冬不避寒，谁也不愿住，和尚关切地对郑虔说："你这小小的年纪，住这样的破屋，会损害身体的。"可郑虔偏要租，跟和尚缠个不休，和尚只好同意了。郑虔住到寺里，每日闭门不出，只是读书写字，从不间断。雨天，屋顶漏雨，他就细心地挑个漏雨小的地方继续练；天气寒冷时，手和脚冻木了，他就跺跺脚，搓搓手，或者抱来一堆柿叶子围在身子周围挡挡寒气，继续练。他用柿叶练字，写了正面，又写反面。经年累月，把寺里贮存的几屋柿叶都写完了，他终于练出了一手好字，成为著名的书法家。和尚这才知道郑虔租屋，原来是利用柿叶当纸哩！

郑虔成名后，不少人到慈恩寺来参观，和尚就让他们看郑虔练字的房间。

◼ 心灵物语

　　环境的好坏是可以克服的，学会适应才能生存、才能发展，郑虔勇于克服困难、勤奋好学的精神也终于使他得到了回报。

◼ 史海钩沉

唐朝的建立

　　隋炀帝杨广统治后期，暴虐无道，爆发隋末农民大起义。大业十三年（617年）五月，太原留守、唐国公李渊在晋阳起兵，十一月占领长安，拥立隋炀帝孙子杨侑为帝，改元义宁，即隋恭帝。李渊任大丞相，进封唐王。义宁二年（618年）三月，隋炀帝在江都被宇文化及缢死。

　　同年五月，李渊篡隋称帝，定国号为唐，隋朝灭亡。降恭帝为希国公，闲居长安，次年五月被害。李渊就是唐高祖，改元武德，都城仍定在长安。而后，长子李建成被封为太子，次子李世民为秦王，三子李玄霸早夭，四子李元吉为齐王。

◼ 文苑荟萃

唐朝文学

　　唐朝最令人瞩目的文学成就应该算唐诗了。自陈子昂和"初唐四杰"起，唐朝著名诗人层出不穷，盛唐时期的李白、杜甫、岑参、王维，中唐时期的李贺、韩愈、白居易，晚唐时期的李商隐、杜牧等是其中的几个代表。他们的诗作风格各异，既有对神话世界的丰富想象，又有对现实生活的细致描写；既有激昂雄浑的边塞诗，亦有沉郁厚重的"诗史"，还有清新脱俗的田园诗。这些诗作是共同构成了中国文学成就的杰出代表。

　　后世宋、明、清虽仍有杰出诗人出现，但律诗和古诗的总体水平都不如唐朝诗人，使得唐诗成为中国古诗不可逾越的巅峰。

第二篇／勤奋努力自学成才　　　　　勤奋好学故事

柳璨燃叶为借光

> 柳璨（生卒年不详），字照之，河东人。唐朝末年大臣、文学家及史学家。

　　柳璨自幼家贫，家住在小沟里。他每天的任务就是上山砍柴，每逢集市就挑着柴火上市去卖，靠卖柴换点钱维持生活。就这样，家里还常常揭不开锅。与他家有联系的都是穷亲戚，也帮不上什么忙。虽有两个近亲叫壁、砒的，在京城里当官。可是这些亲戚势利眼，根本不愿意跟他们这门穷亲戚来往，信也不通一封。

　　柳璨是个有骨气的孩子，人穷志不穷，虽然别人看不起他，他也不在乎。他立志求学，刻苦读书，目标是将来考中进士，干一番事业。然而，要考取进士谈何容易。有的读书人家庭环境很好，有足够的经费，有专门聘请的老师辅导，努力了一辈子尚且连个秀才都很难考中；有的须发斑白了，连个举人都不是。一个穷人家的孩子要考中进士，这在当时简直比登天还难。

　　学习需要书本，当时虽然印刷技术已经有了进步。然而印一本书成本很高，买一本书要价很贵，像柳璨这样的穷人家的孩子怎么能买得起呢？为了读书，柳璨只能向人家借书看。有的书借来之后他就马上抄下来，保存起来供长期使用。纸笔困难，去山上打柴休息时，他就用树枝在地上练习写字；晚上没有灯油，就用树叶燃起一堆篝火，然后借着火光看书。深秋时节天凉了，他对着篝火看书，前胸暖后背凉，有时因此而生病。即使染病在床，他也不忘记读书。经过刻苦努力，在光化年间，他终于考中了进士，而且是进士中的佼佼者，于是被派往国史馆做了直学士。

在国史馆任职期间，柳璨精于五经、涉猎百家，学识渊博而且记忆力强，同僚们遇到疑难问题不去查辞书，都去找他。因此，在同僚中他威信最高。同僚还给他起了个绰号叫"柳书箱"，把他看成一本活的百科全书。

唐昭宗爱好文学，尤其喜欢学问渊博、下笔成章的文人学者。他身边曾有个学者李溪因罪被处死了，他想再选一个学者为他起草诏书，朝臣们一致推举柳璨。于是，昭宗在内殿召见了柳璨。昭宗测试柳璨的学问，非常满意，当场晋升他为翰林学士，专事草拟诏书，起草文告。昭宗在学习上有什么疑难问题，也经常向他请教，对他的信任远远超过了李溪。

心灵物语

热衷于读书，就会忘却身边环境的好坏，柳璨燃叶苦读的故事正是说明了这个道理。在事业上，付出和收获是成正比的，学习上尤其如此。

史海钩沉

元和中兴

自藩镇割据以后，唐朝有吐蕃、回纥、南诏等外患，内有宦官掌权，禁军兵权甚至皇帝的废立都由宦官决定。节度使对地方有独立于中央的管理权。唐德宗死后，经过了顺宗的过渡阶段，然后由永贞内禅而受宦官支持的唐宪宗登基，依靠禁军的兵力，令全国所有的藩镇至少名义上全部归服唐朝，史称"元和中兴"。

徐伯珍洪水中苦读

> 徐伯珍（414—497年），字文楚，太末（今浙江衢州龙游）人。父祖并为东阳郡掾史。伯珍幼孤贫，学书无纸，常以笋壳、箬叶学书，专心致志。叔父璠之与颜延之友善，在汤溪祛蒙山筑精舍讲学。伯珍前往求学，积10年之功，精通经史，好释氏老庄之学，兼明道术，游学之士，慕名求教。隐士沈俨及其好友顾欢挑选《尚书》中疑难章句，登门求教，伯珍一一解答，具有条理。为士子所崇仰，受业门生千余人。

徐伯珍是南宋的著名学者，学习刻苦，知识渊博。

有一年夏日阴雨不断，导致东阳太末县北山的山洪暴发。附近的村庄一片汪洋，平地水深一二尺，房屋都浸泡在水中，低洼的地方水已没了屋顶。水还继续往上涨，村子里的人家都携儿带女地走了。只有村西头的徐家，夜里还亮着灯，当时年仅十多岁的徐伯珍坐在两张叠在一起的床上，就着小油灯正专心致志地看书。水在地面上积了已经一尺多深，可是他全然不顾，像没看见似的。当洪水暴发时，左邻右舍纷纷搬家，好心的邻居见他没有要搬走的样子，都来催他早点搬家。可是徐伯珍坚决不走，他实在放不下手中的书本，等水越来越大，浸进了屋子，他就把两张床叠起来，把油灯拿到床上，继续读书。

徐伯珍很小时，父亲就去世了。因为家里穷，念不起书，买不起纸笔，恰逢北山有很大一片竹林，徐伯珍就把竹叶采下来，然后拿回家在竹叶上面练习写字。竹叶用没了，他就用筷子在地面上比划着练习写字。他的叔父徐璠之与当时著名的学者颜延之交情很深，颜延之当时正

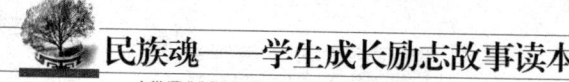

在祛蒙山设馆讲学。叔父看徐伯珍学习这样刻苦，有心培养他成才，就把徐伯珍送到颜延之那里学习。徐伯珍在那里刻苦攻读，成为颜延之的高足弟子，10年之后完成学业时，他已经是一名博通经史的学者了。从此，他开始执教讲学，一生教过上千名学生。

■心灵物语

徐伯珍竹叶练字的故事告诉我们，要想学业有成，就要有坚定的信念和顽强的毅力，依靠自身的态度而不是外部的条件。

■史海钩沉

襄樊之战

襄樊之战是元朝统治者消灭南宋统一中国的一次重要战役，也是中国历史上宋元封建王朝更迭的关键一战。这次战役从南宋咸淳三年（1267年）蒙将阿术进攻襄阳的安阳滩之战开始，中经宋吕文焕反包围战、张贵张顺援襄之战、龙尾洲之战和樊城之战，终因孤城无援，咸淳九年（1273年）吕文焕力竭降元，历时近六年，以南宋襄樊失陷而结束。

■文苑荟萃

宋朝科技

两宋时期，在整个社会经济、文化全面发展的推动之下，科学技术也得到了长足的进步。两宋的科技不仅成为我国古代科学技术史上的一个高峰，而且在当时的世界范围内也居于领先地位。别的且不说，就对整个人类文明发展产生重大而深远影响的我国古代四大发明，其中的三项——活字印刷、火药、指南针，就是在两宋时期完成或开始应用的。

讲到两宋科学技术时，人们还常常提到沈括及他的《梦溪笔谈》。如李约瑟博士把沈括誉为"中国整部科学史中最卓越的人物"，而他的《梦溪笔谈》则是"中国科学史上的坐标"。

古代女子读书典范李因

李因（1610—1685年），字今生，号是庵，又号龛山逸史，会稽（今绍兴）人，一作钱塘（今杭州）人。明末清初女诗人兼画家。出身贫寒，资性警敏，耽于读书，不喜修饰。常"积苔为纸，扫柿为书，帷萤为灯"，苦学成才。

李因出身于贫寒之家。在封建社会里，女孩子最要紧的是学会针线活和打扮自己，至于读书写字，除了富贵人家的小姐以此来消遣解闷外，穷人家的女儿是很少学习的。再说，女孩子也不能进学堂，赴考场。但李因从小就和别的女孩子不一样，她喜欢读书，不喜欢涂脂抹粉，打扮自己。只要一有空闲，她就立刻抓紧时间读书写字，作诗绘画。

由于家里很穷，买不起纸墨笔砚和灯油，为了学习，李因想出许多办法来克服困难。每天早上打扫房间的时候，她总要先在积有灰尘的桌子上练一会儿字，然后才用抹布把灰尘擦掉。

秋天，柿子树的叶子发黄凋落，李因就把黄叶子扫起来，一筐一筐地留着，当作写字用的纸。夏日的晚上，李因捉来许多萤火虫，把它们放在蚊帐里，依靠它们发出的亮光读书。李因读书，简直到了废寝忘食的地步。她的父母对她说："你这样不分白天黑夜地读书，迟早是要苦出病来的。"李因总是说："不会的，不会的。"她母亲仍然不放心，规定她只许白天读书，一到天黑就督促她去睡觉。可是，李因每晚都在床

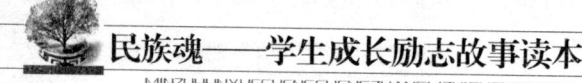

上翻来覆去睡不着。

有一天，李因突然想起一个办法来：睡觉之前，把火炭事先埋在灶灰里，然后才去睡觉。等父母睡着以后，她悄悄地爬起来，轻手轻脚地摸到厨房里，把埋在灰里的火炭扒出来，带到自己的屋里，点燃蜡烛……

为了防止光线射出去，被家人发觉，她就用衣服、被子把窗户遮住，然后偷偷地读起书来，一直到感觉疲倦的时候才去睡觉。就这样神不知鬼不觉地夜读了很长时间，她十分高兴。

由于李因好学不倦，10岁时就能朗读《诗经》《尚书》，而且过目成诵，不漏一字。李因还养成了写读书笔记的习惯，每天都要写几千字的笔记，寒暑不辍。

17岁时，李因嫁给了光禄寺少卿葛征奇作妾。离家出嫁那天，她陪嫁的东西是装满了几大箱子的书和读书笔记。

在当时的社会条件下，女子结了婚以后，通常会因生儿育女和繁重的家务而放弃了自己的学业。李因却不是这样，结婚以后学习的兴趣仍然很浓，而且照样勤奋。

李因的丈夫官职常常变动，李因也跟着他到处奔波。在旅途中，李因不论是坐在船上，还是骑在驴背上，都随时随地抓紧时间读书作诗。她的诗集《竹笑轩吟草》和《续竹笑轩吟草》收入的260多首诗，大多数是在旅途中写的。

李因生长在封建社会里，那时候女子是没有什么地位的，尤其像李因这样一个家境贫寒、身为侍妾的人，更被人们所轻视。可是，由于李因刻苦读书，并获得了一定成就，人们都很敬佩她。当时，她丈夫家乡的地方志上，还为她作了传记，并把她的诗编成集子出版。

☐ 心灵物语

受封建理念"女子无才便是德"的约束，古代女孩子读书的可谓少之又少，李因在这样艰难的条件下坚持下来并最终学有所成，的确是女子中的楷模！

史海钩沉

弘治中兴

明宪宗死后,明孝宗朱祐樘即位。由于孝宗出身寒微,所以他在位期间"更新庶政,言路大开",使英宗朝以来奸佞当道的局面得以改观,被誉为"中兴之令主"。孝宗的励精图治,也被称为弘治中兴。孝宗虽末年宠信宦官李广,但是立刻改过自新,历代史学家对他评价极高。孝宗在位期间,先是将宪宗期间留下的一批奸佞冗官尽数罢去,逮捕治罪,然后选贤举能,将能臣委以重任。孝宗勤于政事,每日两次视朝。孝宗对宦官严加节制,刑部也只能谨慎行事,用刑宽松。孝宗厉行节俭,不大兴土木,减免税赋,用情专一,一生除了张皇后外无任何妃嫔。在其治理下,弘治朝吏治清明,任贤使能,抑制官宦,勤于务政,倡导节约,与民休息,百姓富裕。

文苑荟萃

郊居用松陵集韵

李 因

避世墙东住,牵船岸上居。
雨分三径竹,晴曝一床书。
上坂驱黄犊,临渊网白鱼。
衡门榛草遍,长者莫停车。

近代数学家华蘅芳

华蘅芳（1833—1902年），字若汀，江苏省无锡市荡口镇人，清末著名数学家。受擅长数学的父亲的影响，从小就热爱数学。10岁开始，常读中国古代算经。至20岁时，他已学过《周髀算经》《九章算术》《孙子算经》《张丘建算经》《测圆海镜》以及明清以来的数学著作。之后，他又从上海墨海书馆买回一批西方近代数学著作，悉心钻研。这时，他结识了同乡徐寿，两人志同道合，过从甚密。通过实验，他们掌握了近代数学的一些原理及其运用方法。

华蘅芳7岁那年，鸦片战争爆发了。战争的炮声也使一些人的思想发生了很大变化，逐渐感觉到了学习先进科学技术的重要性。在华蘅芳幼小的心灵里，也产生了读"四书五经"到底有什么用的疑问。

少年时期的华蘅芳立志要探求新知识。可是，当时整个中国没有一所传授新知识的学校，华蘅芳到哪里去寻求新知识呢？只有自学。他从徐寿那里借来《算法统宗》。此书主要讲述中国珠算演算的算理和方法，共17卷。华蘅芳只借到几卷，却如获至宝，激起了他学习数学的兴趣，朝夕研读。为了获得新知识，他不畏艰难，在没有老师指导的情况下，硬是闯过了一个个难关，把这本书弄通了。这次学习，使华蘅芳尝到了学习算学的一些甜头。他觉得，在算学里边有深奥的学问。从此，他便把注意力集中在钻研算学上。

16岁那年，华蘅芳偶然在父亲的乱书堆里发现一本画有各种图式的旧书，便好奇地拿起来翻阅——原来是清朝以前刻印的一本中国古算书,缺头少尾,字迹模糊不清。即使这样,他也非常珍惜,终日废寝忘食地在房中苦心研读。只用了短短几个月时间,他就领会了这本古算书残卷的全部内容。他觉得算学有明显的实际用途,这更加坚定了他钻研算学的志向。

华蘅芳先后学习了《周髀算经》《九章算术》《孙子算经》《王曹算经》等许多种中国古代算书。这些算书,都是历代流传下来的中国古代算学名著。这么多书,又这么深奥,从何学起呢?他决定抓住重点,各个击破,逐一解决问题,逐步攻下古代算学这个堡垒。从16岁到19岁,华蘅芳几乎足不出户,每天伏案沉思。对上自秦汉下至明清时期的中国古代大量算学著作进行了比较全面、系统的学习和钻研,从中吸取了丰富的营养,向近代数学新的制高点攀登。

华蘅芳开始向近代数学探索,可是他再也找不到这类参考书了。正在他十分苦恼的时候,听说上海有个数学家正同外国数学家伟烈亚力合作,翻译国外科学著作。这对华蘅芳来说太有吸引力了。他急忙来到上海,借来了已经译出的《代微积拾级》手稿,在旅馆逐字逐句抄录下来。他心里有说不出的愉悦,下决心一定要把这部外国算学著作的奥妙弄明白。

经过多年的探索,华蘅芳在吸取我国古代算学遗产的基础上,终于登上了世界近代数学的新高点,成为当时中国著名的数学家。

▊心灵物语

有伟大的志向,才能有奋斗的方向;有不畏艰难、至死不渝的精神,才能实现理想。华蘅芳为了实现自己的志向而不懈努力自学的精神,深深地感动着我们每一个人。

▊史海钩沉

清朝的衰落

清朝从乾隆末年开始有衰落的现象,政治日渐腐败。嘉庆帝和道光帝

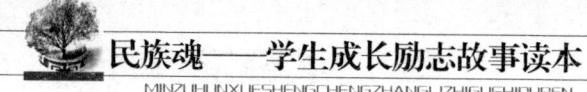

也失去了早期君主锐意进取的精神，掌政风格日趋保守和僵化。官场中，结党营私，相互倾轧，卖官售爵，贿赂成风；军队里，装备陈旧，操练不勤，营务废弛，纪律败坏；财政上，国库日益亏空，入不敷出。阶级矛盾日益激化，相继爆发了农民起义，使清朝灭亡的脚步越来越近。

■ 文苑荟萃

《八旗通志》

《八旗通志》是详细记述清八旗制度的书籍，先后纂有《八旗通志初集》和《钦定八旗通志》（又名《八旗通志二集》）两部。《初集》250卷，目录二卷，凡例及纂修职名一卷。《二集》356卷。

《初集》于雍正五年（1727年）奉敕纂修，乾隆四年（1739年）成书。所收事迄于雍正朝。分旗分、土田、营建、兵制、职官、学校、典礼、艺文八志；封爵、世职、八旗大臣、宗人、内阁大臣、部院大臣、直省大臣、选举八表；宗室王公、名臣、勋臣、忠烈、循吏、儒林、孝义、烈女等列传。材料来源系采撷汇集《实录》《会典》《上谕八旗》《盛京通志》《上谕旗务议覆》《谕行旗务奏议》《六科史书》等官书文件以及御赐祭文、碑文、敕书、奏议、官方名宦册等，还采用了有关部院、八旗都统、直省将军、八旗驻防，以及府、州、县、卫、所等有关八旗事宜的调查来文、来册。这一部分多系数字材料，颇具史料价值。

乾隆三十七年（1772年）福隆安等奉敕纂修《八旗通志》续书，嘉庆元年（1796年）书成，命名为《钦定八旗通志》，在体例上略加调整：改列传为人物志，选举表为选举志，增氏族志，共11志；增内大臣年表，仍为八表；并附以八旗大臣（督、抚、提、镇）题名；至于细目，也有改动。

《二集》除续修乾隆一朝有关八旗记事之外，也收入《初集》所载，并作了某些删订和增补。此外，还增加了相当数量的按语和夹注。

《八旗通志初集》和《钦定八旗通志》二书，均为研究八旗制度和满族历史的重要资料。

第三篇
志向高远笃学不辍

孙康映雪借光读书

> 孙康（生卒年不详），太原中都人，晋长沙太守放孙，元嘉中为起部郎，迁征南长史，有集十卷。

孙康自幼聪敏好学，但是家中一贫如洗，根本没有上学就读的机会，甚至连在家里挤点时间学习都不可能。因为他白天要帮家里干活，从早晨一直到太阳落山，都没有空闲时间。

但求知欲强烈的孙康并不甘心就这样服服帖帖当时间的奴隶，他觉得自己年纪轻，精力旺盛，只要有了学习的决心，总会挤出时间的。

于是，孙康开始利用夜间读书，可是晚上读书必须得点油灯，往往读一个晚上的书，就要用去一灯油。而家里生活困难，一个月怎能买得起这么多灯油呢？孙康完全懂得家里的难处，每当灯油烧干以后，他便静静地躺在床上，在床上背书和默记书中的要领。

这年冬天，天气格外寒冷，三天两头下一场大雪。冬夜，孙康盖着薄被正蜷缩在床上，面对着北风呼啸的窗口又在背书。背着背着，他突然发现窗口越来越明亮起来，孙康甚至怀疑是到了快要出太阳的时候了，等他披衣出门一看，原来是下了大雪，白雪把窗口映亮了。孙康心里想：既然白雪能映亮窗口，那一定也可以用积雪照着读书吧。想到这里，他便捧起书跑到门外，一个人蹲在雪地里，借着积雪映出的微弱亮光来读书。

孙康蹲在雪地里读书，虽然身上衣衫单薄，但由于他专心致志，注意力完全进入书里面去了，对于刺骨的寒风他全然不觉得，一直到了深更半夜，他还在聚精会神地读着。

从这以后，只要有积雪，孙康就天天夜间去映雪读书。虽然说"穷人怕过三九天"，可是孙康却盼望每年的冬天早点到来，盼望下大雪。

功夫不负有心人，孙康砥砺求进，学有大成，终于成为一位很有名望的学者。

□心灵物语

外部环境的艰苦并不能阻挡孙康学习的决心，他通过刻苦勤学终究成为一位很有名望的学者。生活中也是这样，只要我们下定决心去做，就没有什么不能实现的目标。

□史海钩沉

屯田制

屯田制是国家强制农民或士兵耕种国有土地，征收一定数额田租的制度。源于西汉，至曹魏形成一套完整的制度。西汉前元十一年（公元前169年），汉文帝以罪人、奴婢和招募的农民戍边屯田，汉武帝调发大批戍卒屯田西域。但当时屯田主要集中于西、北部边陲，主要方式为军屯，且规模不大。

东汉末年，战争连年不断，社会生产力遭到极大破坏，土地荒芜，人口锐减，粮食短缺，形成了严重的社会问题。建安元年（196年），曹操采纳枣祗、韩浩的建议，在许都（今河南许昌）附近进行屯田。屯田的土地是无主和荒芜的土地。劳动力、耕牛、农具是镇压黄巾起义中掳获的,有一部分劳动力号称为招募其实是被迫而来的。据说当年屯田收获谷物百万斛,缓解了社会矛盾。"于是州郡列置田官,所在积谷,征伐四方,无运粮之劳,遂兼并群贼,克平天下。"(《三国志·魏书·武帝纪》注引《魏书》)

曹魏屯田有民屯和军屯两种。民屯每50人为1屯,屯置司马,其上置典农都尉、典农校尉、典农中郎将,不隶郡县。收成与国家分成:使用官牛者,官六民四;使用私牛者,官民对分。屯田农民不得随便离开屯田。军屯以士兵屯田,60人为1营,一边戍守,一边屯田。曹魏屯田对安置流民、开垦荒地、恢复农业生产发挥了重要的作用,为曹操统一北方创造了物质条件。

■文苑荟萃

木牛流马

一向为史家乐道的木牛流马究竟是何模样?如果有谁想按图索骥,按照《三国演义》所列制造木牛流马法去复制,这与想制作永动机一样是徒劳的。

《三国演义》第一百零二回描写孔明制作的木牛流马,"宛然如活者一般;上山下岭,各尽其便"。而且将舌头扭转,牛马就不能行动,再扭过来,便又长驱大行,真是奇妙得很。

木牛流马是存在的实物,并非小说家杜撰,最早记载见于《三国志·诸葛亮传》及《后主传》等书:"(建兴)九年春二月,亮复出军围祁山,如以木牛运。""十年,亮休士劝农于黄沙,作流马木牛毕,教兵讲武。""十二年春,亮由斜谷出,始以流马运。"但是,由于古代没有留下任何实物与图形,后人无法复制,不知其中机窍到底如何,加上《三国演义》的润色,更使它添上了神秘的色彩。

江泌屋顶映月读书

江泌（生卒年不详），字士清，济阳考城人。父亮之，员外郎。泌少贫，昼日斫屧，夜读书，随月光握卷升屋。

江泌曾任南中郎行参军及国子助教。史料记载，他在任期间为官清正廉洁，家里从来不使用奴婢童仆，活计都是他与兄弟们亲自动手去做。下属的官吏、差役有病有灾，或者生活有困难的，只要他知道了，一定会拿出自己的钱来资助他们。属吏去世了，他也要花自己的钱为他们买棺材安葬，因此下属都十分爱戴他。

江泌自幼聪明好学，但由于家境贫困，他需要天天帮家里削木头做木鞋来维持生活。然而，艰难的生活并没有磨灭他的学习意志。他胸怀宽广，志向远大，立志攻读经史。因为家里穷，供不起他去学堂里读书，他就立志自学。他把鞋摊摆在一个学堂附近，能够听得见学堂里面先生的讲课。江泌白天忙着做活，晚上读书，往往要读到深夜。即使有时白天做活非常劳累，晚上十分疲劳，他也从不间断学习。

在当时晚上读书学习，需要灯油，而江泌一读就读到深夜，灯油用得更多了。家里穷得连做菜都没有油，哪来油点灯读书呀？时间长了，江泌母亲也怕他读书耗油太多，天一黑，早早就把灯吹灭，并把灯藏起

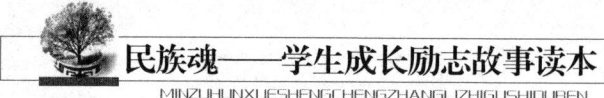

来。没有灯光，江泌只好静静地背诵或默记学过的知识。

在一个中秋节的夜晚，江泌陪着父母在院子里赏月，看见明亮似镜的月亮。他灵机一动，心想：在月光下读书不是也行吗？于是，他就借着月光看起书来。就这样，他再也不愁点灯费油，夜晚无法读书了。

有一次，江泌读书着了迷。读着读着，月光斜移，原来透过窗户照进屋子里来的月光一点儿也没有了。他抬头一看，原来月亮已经悄悄地爬到屋那边去了，屋子挡住了月光，所以字看不清了。江泌就拿着那本书跑到院子里来看书。片刻，又看不清了，他干脆登着梯子爬到屋顶上映着月光读书。到了后半夜，由于白天太累了，晚上看书时间长，他疲倦地趴在屋顶上打起盹来，结果从屋顶上滚了下来摔在地上，这时他的手还紧紧握着书。所幸家里是茅草房，屋檐不高，没有摔坏，只是脸上、膝盖擦破了皮。江泌从地上爬起，拍拍身上的尘土，又爬上屋顶，映着月光读起书来。

江泌这种刻苦学习的精神感动了周围的人，这件事不久就在乡里传开了，以后又传遍了州郡，成了读书人的佳话。而江泌映月读书的故事一直流传到现在。

▢心灵物语

　　家庭的贫苦并不能改变一个人求学的志向，只要有决心，在任何艰苦的条件下都能创造条件去学习。

▢史海钩沉

南 朝

　　东晋十六国之后，中国历史进入南北分裂、南北对峙的阶段。在南方，虽然先后有刘宋、南齐、萧梁和陈四个政权的更迭，但这中间除梁元帝以江陵作都三年外，其余的时间，南方各朝的京城始终建在建康（今江苏南京）。刘宋（420—479年）是其中疆域最大、最强、统治年代最长的一个政权，历四代八帝，共59年。南齐（479—502年）国祚短暂，只有23年。但由于争杀频繁，竟历三代七帝，平均三年一帝，是中国历史上帝王更换极快的一朝。梁代（502—557年）历三代四帝，其中武帝萧衍个人享国时间最久，几近半个世纪。陈（557—589年）首尾凡33年，历三代五帝，最终丧亡于隋之手。陈承衰梁之弊，是版图狭窄、人口孤弱、力量单薄的王朝，加之统治者又极度腐败，最终丧亡于北方强敌之手。历史上把宋、齐、梁、陈这南方四朝称之为南朝。

■ 文苑荟萃

南北朝文学

南北朝时期的文学发展迅速，其中南朝风格偏向华丽纤巧，而北朝风格偏向豪放粗犷。南朝文学代表是骈文，讲究格律、辞藻、用典，内容多脱离实际生活，抒发一些富贵闲愁，以庾信、应扬的文章为代表；而北朝代表人物是北地三才，即邢劭、魏收、温子升。叙事长诗以南朝的《孔雀东南飞》和北朝的《木兰诗》为代表。

民歌方面，由于南北文化不同，呈现出不同的色彩和情调。《乐府诗集》即有"艳曲兴于南朝，胡音生于北俗"的说法。

苏轼抄书"过目成诵"

苏轼（1037—1101年），字子瞻，又字和仲，号"东坡居士"，世人称其为"苏东坡"。汉族，眉州眉山（今四川眉山，北宋时为眉山）人，祖籍栾城。北宋著名文学家、书画家、词人、诗人、美食家，唐宋八大家之一，豪放派词人代表。其诗、词、赋、散文均成就极高，且善书法和绘画，是中国文学艺术史上罕见的全才，也是中国数千年历史上被公认文学艺术造诣最杰出的大家之一。其散文与欧阳修并称"欧苏"；诗与黄庭坚并称"苏黄"；词与辛弃疾并称"苏辛"。书法名列"苏、黄、米、蔡"北宋四大书法家之一。其画则开创了湖州画派。

人们都说宋朝著名文学家苏轼天赋好，能"过目成诵"。其实并不是如此，而是另有奥秘。

一天，有位朋友去看苏轼，等了好久，苏轼才出来会见。客人很不高兴，苏轼解释道："我正在抄《汉书》。"客人听了反而很不理解。凭苏轼的天赋和"过目成诵"的才能，还用得着抄书吗？苏轼说："我读《汉书》到现在已经抄三遍了。第一遍每段抄三个字，第二遍每段抄两个字，现在只抄一个字了。"客人疑信参半地挑了几个字一试，苏轼果然能应声背出有关段落，一字不差。苏轼的"过目成诵"原来是勤学苦练的结果啊。

苏轼不仅三抄《汉书》，其他如《史记》等几部数十万字的巨著，他也都是这样一遍又一遍地抄写的。苏轼称它为"迂钝之法"。

那么，苏轼的学问就来自"迂钝之法"吗？不，他还辅之以其他方法。

苏轼认为，读书、做学问，必须接触社会，大胆分析，研究问题，提出见解，切不能闭门造车、人云亦云，即使阅读、抄写，也应每一遍都有一个明确的目标。比如：第一遍先研究军事，第二遍再注意各朝典章，第三遍又专看经济等。如此几遍看过、抄过，所有内容便都"烂熟于胸"了。

◻心灵物语

书读百遍，其义自现。苏轼也是靠着勤奋和努力，最终才取得惊人的成就。

◻史海钩沉

宋江起义

北宋末期，朝政腐败，对外献币乞和，对内恣意搜刮，农民苦于繁重赋税盘剥，流离失所。宣和元年，宋江等36人占据梁山泊，招募义军，聚众起义。旋率众攻打河朔（泛指今黄河下游南北一带）、京东东路（治青州，今山东省益都），转战于青、齐（今山东省济南）至濮州（今山东省鄄城北）间，攻陷十余郡城池，惩治贪官，杀富济贫，声势日盛。

十二月初二，宋徽宗赵佶闻知，纳知亳州侯蒙"赦过招降"建策，颁旨招安，未果，遂命知歙州曾孝蕴率军往讨。宋江避其锋，自青州率众南下沂州（今山东省临沂），与官军周旋年余。宣和三年二月，攻取淮阳军（治下邳，今江苏省睢宁西北古邳镇东），继由沭阳（今属江苏）乘船进抵海州（今江苏省连云港西南海州镇）。知州张叔夜遣使探察义军所向，及知宋江以十余只钜舟径趋海滨，乃募敢死士千余人设伏近城，遣轻兵蹈海诱战。五月，宋江率众登岸后遭伏击，船只亦被焚，退路断绝，战败被俘，起义遂被镇压。

范仲淹"断齑划粥"

> 范仲淹（989—1052年），原名朱说，字希文。北宋政治家、文学家、军事家，谥号"文正"。祖籍陕西邠州（今陕西省咸阳市彬县），生于苏州吴县（今江苏省苏州市）。真宗大中祥符八年（1015年）进士，恢复范姓，后官至参知政事（副宰相）。

范仲淹出身贫苦，在他两岁时父亲便去世了。由于母亲无法维持一家人的生活，只好带着他改嫁到朱家。范仲淹自幼志向远大，酷爱读书，并经常规劝朱氏兄弟努力学习。朱氏兄弟不知好意，却反问道："我吃朱家的饭，穿朱家的衣，与你何干？"范仲淹闻此，又惊又疑。后来，别人告诉他母亲改嫁之事。为此，他感愤之极，自立门户，告别母亲，住进长山醴泉寺的僧房苦读。这年，他才十来岁。

在这一时期，范仲淹的生活异常艰苦，每天晚上用粳米熬一锅稀粥，待冷凝之后，划成四块，早晚各吃两块，再切几根腌菜。这就是著名的"断齑划粥"的故事。

范仲淹在醴泉寺苦读三年之后，为了学到更多的东西，他又佩琴剑，风餐露宿，不远千里来到南都（今河南商丘）寻师访友，进了当时著名的南都学舍。

在南都学习期间，范仲淹仍像以前一样食粥苦读。他有个同学是留守的儿子，见他生活如此艰苦，就回去告诉父亲。留守听了很感动，吩咐儿子带些肉饭给范仲淹吃。然而，过了几天，这个同学又到范仲淹这里来，发现他送来的饭菜已经坏了，可是范仲淹却一口也没有吃。该同学便不解地问："家父听说你生活清苦，特地让我送些饭菜；而你却不吃，是不是怕玷污了你的品德？"范仲淹回答道："我很感激你们的厚意，但我吃粥已经吃惯了。如果现在吃这样好的食物，以后吃不了苦怎么办呢？"

在南都学舍，范仲淹昼夜苦读，困倦了就用冷水洗脸浇头，实在瞌睡就和衣睡下，醒来继续攻读。有时，他每天连两顿粥都吃不上，往往只到黄昏时吃一顿，既是早餐，又是晚餐。就这样勤学苦读了五年，他终于获得了渊博的知识。

由于范仲淹长期刻苦治学，积累了丰富的知识，最终成为我国历史上著名的政治家和文学家。

心灵物语

范仲淹年少时刻苦学习，在艰苦的条件下昼夜勤学的精神值得我们当代人学习。

史海钩沉

庆历新政

从元昊叛宋起，宋军的边防开支便突然膨胀起来。政府为了扩大收入，又不得不增加百姓负担。于是，包括京城附近在内，各地反抗朝廷的暴动与骚乱纷然而起。

庆历三年（1043年）九月，宋仁宗连日催促范仲淹等人拿出措施，改变局面。范仲淹、富弼和韩琦三人连夜起草改革方案。特别是范仲淹，认

真总结从政28年来酝酿已久的改革思想，很快呈上了著名的新政纲领《答手诏条陈十事》，提出了10项改革主张。

《条陈十事》写成后，立即呈送给宋仁宗。宋仁宗和朝廷其他官员商量，表示赞同，便逐渐以诏令形式颁发全国。于是，北宋历史上轰动一时的庆历新政就在范仲淹的领导下开始了，范仲淹的改革思想得以付诸实施。新政实施的短短几个月间，政治局面已焕然一新：官僚机构开始精简；以往凭家势做官的子弟，受到重重限制；昔日单凭资历晋升的官僚，增加了调查业绩品德等手续；有特殊才干的人员，得到破格提拔；科举中，突出了实用议论文的考核；全国普遍办起了学校。

■文苑荟萃

苏幕遮

（北宋）范仲淹

碧云天，黄叶地。
秋色连波，波上寒烟翠。
山映斜阳天接水，芳草无情，更在斜阳外。
黯乡魂，追旅思。
夜夜除非，好梦留人睡。
明月楼高休独倚，酒入愁肠，化作相思泪。

王守仁以勤补拙

> 王守仁(1472—1529年),明代著名思想家、哲学家、文学家、军事家。陆王心学之集大成者,不仅精通儒家、佛家、道家,而且能够统军征战,是中国历史上罕见的全能大儒。封"先儒",奉祀孔庙东庑第五十八位。

王守仁出生在一个封建贵族家庭。他父亲官至兵部尚书,但王守仁似乎一点儿也没有遗传到父亲的聪明。

王守仁5岁时还不能说话,当时大家都以为他是个哑巴,有的人还以为他就是一个白痴。但是他父亲不这样看,他觉得王守仁只是生病了。父亲四处寻访名医,只要听说哪里有名医,就派人去请。到王守仁6岁时终于把病医治好了。

病好之后,王守仁的智力却显得很一般。因为他小时候不会说话,也没有读过书,因此比起其他孩子,他显得更笨拙一些。有风言风语说:"他这么迟才开始学说话,当然笨啦!也别指望他以后会有大出息。"

小守仁本来就觉得自己比别人笨,现在又听到别人这样嘲笑自己,心里更加难受。他跑到父亲怀里哭诉:"父亲,别人都说我笨,我真的很笨吗?"

父亲听了他的话说:"孩子,你不笨。为父一定好好教你,你会有出息的。不用在乎别人的嘲笑,你自己发愤努力,争口气让那些人瞧瞧,好吗?"

有了父亲的鼓励，王守仁有了信心。他始终记得父亲曾经给他讲过的"笨鸟先飞"的故事，并时时提醒自己要努力学习。平时读书，别人读一遍，他就读两遍、三遍，甚至十遍。他抓紧时间，把别人玩耍的时间都花在了学习上。白天，他认真听先生的课，放学后趁着还没有吃饭或者吃饭后的时间，他一个人跑进父亲的书房认真读书，直到家人催促他吃饭、睡觉。年年如此，从不间断。

父亲见守仁如此争气，心里很是高兴。他也耐心给小守仁辅导功课，有时还请一些大学者给他辅导，家里来了客人，谈论天下大事的时候，也让王守仁站在一边，向别人学习。

母亲见了也非常欣慰，更加细心地照顾他，不仅专门给他收拾出一间书房，还不许别人去打扰他读书。

就这样，在父母的鼓励支持和他自己的努力下，王守仁的学习成绩提高很快，先生的提问，他也回答得很有主见，最后竟成了先生的得意弟子。

王守仁凭借笨鸟先飞、刻苦勤奋的精神，长大后成了著名的哲学家和教育家。

■心灵物语

勤能补拙，一个人并没有出众的天赋，甚至比一般人还有所不如，但是凭借后天的刻苦勤奋依然能创造出伟大的成就！

■史海钩沉

王守仁平定江西

正德十二年（1517年），江西南部以及江西、福建、广东交界的山区爆发民变。山民依靠山地据洞筑寨，自建军队，占据方圆近千里。地方官员无可奈何，遂上奏朝廷。兵部举荐时任右佥都御史的王守仁巡抚江西，镇压民变。

正德十三年（1518年）正月，王守仁平定池仲容（池大鬓）部，奏请设立和平县，并兴修县学。三月，守仁抵达江西莅任。他迅速调集三省兵力，镇压了信丰等地的起义。七月，王守仁念战争破坏巨大，上奏请求朝廷允准招安。朝廷遂委以地方军政大权，准其便宜行事。十月，王守仁率兵攻破实力最强的江西崇义县左溪蓝天凤、谢志山军寨，并会师于左溪。王守仁亲自前往劝降。十一月，王守仁遣使招安，并攻破蓝天凤部。

■文苑荟萃

雪窦山

王守仁

穷山路断独来难，过尽千溪见石坛。
高阁鸣钟僧睡起，深林元暑葛衣寒。
蛰雷隐隐连岩瀑，山雨森森映竹竿。
莫讶诸峰俱眼熟，当年曾向画图看。

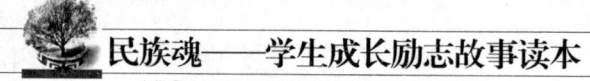

唐汝询结绳记诗文

　　唐汝询（生卒年不详），字仲言，华亭人。他自幼酷爱文化知识，三岁起与哥哥读书认字。5岁那年，他因一场大病失明。但他并没有退缩，反而激起了他刻苦学习的劲头。唐汝询动尽脑筋终于创造了条件——用手摸。他的结绳记事法收到了很好的效果，再加上刻苦学习，终于成为举世闻名的大诗人。

　　唐汝询出身于书香门第，家庭读书风气很盛。他生下来的时候，长得眉清目秀，双目并未失明。但是，在他5岁那年，突然出了天花，经过医生抢救，虽然保住了生命，可两只眼睛却不幸失去了光明，从此他再也看不见书，看不到世间的一切了。

　　起初，唐汝询感到非常伤心，觉得这样活着生不如死。可是过了一段时间，他逐渐安定下来了。心想，天下无难事，只怕不立志，只要刻苦学习，就一定能学到知识。于是，他每天摸到书房里去，用心听几个哥哥读书吟诗，并把听到的文章和诗歌一字一句地牢牢记在心里。

　　一个双目失明的人要想记住许多文章和诗歌，自然是十分困难的事。他费尽心机死记硬背，同时也想出了一些办法帮助记忆。他仿照古时候人们使用过的结绳记事法，找来几根粗细不一的绳子，在上面打上各种各样的结，把整篇文章和诗歌记录下来。有时，他用刀子在木板或竹竿上刻出各种各样的刀痕，用来记录文章和诗歌。当几个哥哥出去玩耍，没人念书给他听的时候，他就摸着绳结和刀痕，大声地朗读起来。

因为唐汝询肯用功，虽然双目失明，但读的书却不比几个哥哥少，成绩也不比他们差。后来，他不但读了许多书，而且学着作诗。他作诗的时候，如果有人在身边帮忙，他就大声把诗句念出来，叫人帮他写在纸上；如果没人帮忙，就依旧用结绳和刻刀痕的办法把诗记下来，等有人帮忙的时候，再把它翻译成文字，请人写在纸上。

唐汝询刻苦读书，最终取得了可喜的成绩。她一生写下了上千首好诗，出了好几本诗集，如《编蓬集》《姑蔑集》等。同时，他还给一些深奥的唐诗作了注解，书名为《唐诗解》。这是他刻苦自励，不为双目失明而放弃学习，笃志读书，克服重重困难而取得的成就。

心灵物语

天下无难事，只怕不立志。唐汝询身残志坚，刻苦自励，不自暴自弃，反而更加专注地去做学问，终于取得了可喜的成绩。

史海钩沉

土木堡之变

元末明初，蒙古分裂为兀良哈部、鞑靼部、瓦剌部三部。其中，瓦剌经过长期发展势力增强，瓦剌首领也先统一蒙古，并有吞并中原之心。

明正统十四年，瓦剌军围困明军于土木堡。土木堡地高无水，将士饥渴疲劳，仓促应战。瓦剌军四面围攻，骑兵蹂阵而入，挥长刀砍杀明军，"大呼解甲投刀者不杀"。于是，明军士兵"裸袒相蹈藉死，蔽野塞川"。朱祁镇与亲兵乘车突围，不得出，被俘。随征大军几乎全部战死，王振被护卫将军樊忠用长棰打死。明50万大军"死伤过半"。这次战役，明史上称为"土木之败"。这次大败也产生了深远的影响，成为明王朝由初期进入中期的转折点。

□ 文苑荟萃

前后七子

"前后七子"是明朝中叶的诗文流派。前七子指李梦阳、何景明、徐祯卿、边贡、康海、王九思、王廷相,以李、何为首,活跃于弘治、正德年间。后七子指李攀龙、王世贞、谢榛、宗臣、梁有誉、徐中行、吴国伦,而以李、王为首,活跃于嘉靖、隆庆年间。他们对于诗文的见解大体一致,即强调"文必秦汉,诗必盛唐",主张模拟古人。对于打击"台阁体"雍容典雅、千篇一律的文风有一定积极意义,但把诗文写作引上复古道路,产生了许多毫无生气的假古董诗文。

公安派袁氏三兄弟(袁宏道、袁宗道、袁中道)针对前后七子复古所演变成因袭剽窃的流弊,提出反对复古拟古的作风。

三袁兄弟认为,一时代有一时代的文学,有其独特的价值,所以不应该贵古贱今。此外,三袁主张独抒性灵,以自我创造为可贵之处。袁宏道更言:大都抒性灵,不拘格套,非从自己胸臆流出,不肯下笔。又言:不效颦于汉魏,不学步于盛唐,任性而发,尚能通于人之喜怒哀乐,嗜好情欲,是可喜也。

所以,前后七子立意虽好,但是方法错误,又才学有限,导致模拟前人作品而失去自己的生命力。

少年练恕抱病作著

> 练恕（1821—1838年），字伯颖，广东连平县人，16岁就成了清代著名史学家。从11岁便开始编著《后汉公卿表》，寒暑不辍，总共三次易稿。15岁患病，又写出《五代地理考》等三部史书。他还有两部未收入《二十五史补编》的历史专著和11篇杂文，无不闪烁着智慧的火花。

练恕出生于一个书香世家。父亲练廷璜是一位重视读书且颇具文采的地方官，练恕7岁就随父亲到江浙读书。

练恕聪敏过人，学习刻苦。在他9岁读完《五经》后，又开始攻读各种史学名著和诸子百家著作。13岁时，他已经精通了13种经书以及《史记》《汉书》《后汉书》。这时，他已能用文言文流畅地写文章了。14岁时，练恕又遍览了中国编年体历史巨著《资治通鉴》。这部巨著共354卷，上至周威烈王，下迄五代后周世宗，共记述了1362年的史实。这部巨著能载一车，14岁的孩子能遍览，实在令人惊叹！

那时，读书做官是一般文人的必由之路，父亲也希望练恕早习应试文章，好金榜题名，光宗耀祖。但练恕却不愿为科举而死读书，立志献身于祖国的史学大业。

15岁时，练恕染上了"咯血疾"（肺结核）。父亲命他放弃学业，安心养病。他却常常躲开父亲，把书带到僻静的地方，一看就是十一二个小时。练恕读书不是死记硬背，而是独立思考，遇到疑义，便找来其他的书比较对照，把正确的结论记在纸上。

勤奋和天资使练恕治学的效果远远超过常人。他的汉唐史学功力，已超过了一般宿儒。父亲用《史记》《汉书》中的事件考他时，他能对答如流。人们谈论史学时，只要有误，他就立即指出。

一次，父亲读沈东甫的《新旧唐书合钞·序》，念到"刘司徒"怎样怎样时，练恕立即插言说："'司徒'是'司空'之误。因为刘司空的名字叫刘晌，生前只做过司空。"父亲不信，就拿来《五代史·刘晌传》查看，果然是练恕说得对。练恕总喜欢和父亲的同僚们一起讨论学术问题，并能言中要害。父亲的同僚们常常自叹："廉颇老矣！"

翻开《二十五史补编》，署名练恕的著作就有4种。令人难以置信的是，这些与史学大师并列的专著，竟会出自一个十几岁的少年之手。

16岁时，练恕肺病复发，吐血不止。父亲强迫他停止著述。之后，他的病情就日趋恶化。道光十八年五月，练恕在他父亲所在的上海县署病逝，年仅18岁。

□心灵物语

练恕虽然生命短暂，但他一生所学永远闪烁着智慧的火花。我们当代人更应该像练恕那样刻苦学习，成就一番事业。

□史海钩沉

清军平定准噶尔叛乱之战

清军平定准噶尔贵族叛乱之战，是一次维护祖国统一、反对民族分裂的正义战争。这次战争，起于清康熙二十九年（1690年），迄于清乾隆二十二年（1757年），迭经三朝，历时70年，最终弭叛息乱，取得了完全胜利。

□ 文苑荟萃

青铜食器

青铜食器是青铜时代贵族阶层使用的主要饮食器具。青铜炊煮器主要有鼎、甗、鬲三种，都是新石器时代就有的器形。其中，鼎又是重要的盛食器，有方形和圆形两种。殷墟妇好墓还出土过一件气锅，中间有一透底的汽柱，柱顶铸成镂空的花瓣形，十分雅致。这类气锅可能在商代前就发明了，它本身代表着一种高水平的烹饪技巧，说明人们对蒸汽能早就有了深入的认识。

商代的盛食器有圆形的簋和高柄的豆；水器则有盘、缶和罐等；酒器有饮酒的爵、觚，盛酒的觥、尊、方彝、壶等。一般的庶民阶层所用器皿大多为陶制，但造型却与青铜器相似。他们死后，照例少不了在墓中随葬一两件陶爵陶觚等酒器，以表明他们饮酒的嗜好。

阎若璩钻研经史终成名儒

> 阎若璩(1638—1704年),字百诗,号潜丘。山西太原人,侨居江苏淮安府山阳县。清初著名学者,清代汉学(或考据学)发轫之初最重要的代表人物之一。

阎若璩出生于一个书香世家,父亲对他寄予很大的希望。可他从小口吃,又很愚钝。6岁上小学时,一篇文章即使读了多遍,他还背不出。老师认为他实在不是读书的材料,就找到他的父母商量,劝其退学。但阎若璩坚决不肯,在他的苦苦哀求下,老师才勉强同意他留一段时间。

阎若璩为了能够继续在校学习,放弃了几乎所有的休息和娱乐时间,别的孩子在玩游戏,他却一直在学习。

阎若璩本来就多病,再加上他勤奋读书,休息不好,所以身体越来越差。母亲心疼他,不准他学习,只要一听到读书声,便将他手中的书夺走,加以制止。阎若璩没法,就不敢背出声来,而是默记,又怕被母亲看见,所以总是偷偷看书。

15岁那年,在一个寒冬的夜晚,阎若璩读到一段书但怎么也弄不懂它的意义,心里十分焦急。已经过了四更,天气又特别寒冷,但是问题没有解决,他难以安心睡觉,独自坐在那里苦思冥想。忽然,他心中一亮,将该问题搞懂了,他感到非常高兴。从此,凡碰到疑难问题,他都下决心弄通弄懂,从不放过疑点。阎若璩就靠这种好学肯钻的精神弄通了许多问题。这也使他认识到,只要肯学,愚钝会变成聪明,无知会变成多知,从而增强了学习的信心。

从此,阎若璩下苦功钻研经史,寒暑不避,日夜不止,并把古人的话"一物不知,以为深耻;遭人而问,少有宁日"写成对联贴在柱子上,作为自己的座右铭。

阎若璩也正是这样做的。20岁的时候,他就怀疑《古文尚书》其中的"古文"25篇并不是真正的古文,后来一直把这个问题放在心里。经过二十多年的钻研、考证,查看了大量书籍,他终于用丰富而精确的材料证明那25篇是东晋梅赜的伪作,并且写了《古文尚书疏证》一书,推翻了《古文尚书》一千多年的假案,轰动了清初的学术界。

阎若璩的学术成果至今还被专家学者引用。他精诚所至、金石为开的求学精神,也一直激励着后人去攀登、奋进。

心灵物语

阎若璩能够坚定学习的信念和对难题不倦地攻坚,终于使他成为一代名儒。他精诚所至、金石为开的求学精神,也是我们当代青少年学习的榜样。

史海钩沉

甲午战争

中日甲午战争是1894年7月末至1895年4月日本侵略中国和朝鲜的战争。战争于1894年(光绪二十年)爆发。按中国干支纪年,时年为甲午年,故称甲午战争。丰岛海战是战争爆发的标志。大清政府迫于日本军国主义的军事压力,签订了继《南京条约》后,又一个丧权辱国的《马关条约》,又一次把中华民族带入了灾难的深渊。

■文苑荟萃

京师大学堂

京师大学堂是北京大学在 1898 年到 1912 年间所使用的名称。它是中国第一所国立综合性大学，也是当时中国的最高教育行政机关。

1898 年戊戌变法后，经光绪皇帝下诏，京师大学堂在孙家鼐的主持下在北京创立，最初校址在北京市景山东街（原马神庙）和沙滩（故宫东北）红楼（现北京五四大街 29 号）等处。许景澄任中学总教习，美国传教士丁韪良任西学总教习。

民国成立后，翻译《天演论》的严复被任命为京师大学堂总监督，接管大学堂事务。1912 年 5 月，京师大学堂改名为北京大学，严复成为北京大学的首任校长。

黄宗羲一生勤奋读书

黄宗羲（1610—1695年），明末清初著名的启蒙思想家、经学家、史学家、地理学家、天文历算学家、教育家。学问极博，思想深邃，著作宏富，与顾炎武、王夫之并称"明末清初三大思想家"（或清初三大儒）；与弟黄宗炎、黄宗会号称"浙东三黄"；与顾炎武、方以智、王夫之、朱舜水并称为"清初五大师"，亦有"中国思想启蒙之父"之誉。

　　黄宗羲17岁那年，父亲黄尊素遭奸臣魏忠贤陷害，被捉拿进京问罪。临别时，父亲叫他好好钻研家藏书籍，从中探求古今治乱得失之道，以便将来为国家做一番事业。黄宗羲听了父亲的吩咐，明确了读书的目的，从此便在家里刻苦读书。每天，天还没亮他就起床读书，一直读到深更半夜，鸡叫头遍时才上床睡觉。仅仅两年时间，他就把家里丰富的藏书读完了。

　　19岁那年，黄宗羲的父亲被魏忠贤杀害。噩耗传来，极度伤心的黄宗羲没有被这巨大的悲痛压倒，他发誓：一定要实现父亲生前对他的希望。

　　在此之后，黄宗羲回到家乡拜大儒刘宗周为师，继续刻苦读书。在老师的指导下，他深入钻研了十三经，阅读了诸子百家及历代史书，并对天文、地理、律历、数学等都下苦功研究。

　　黄宗羲天资并不聪慧，记忆力也不强，每读完一篇文章，他常常对内容记不准确。但他并不灰心，能够做到比常人加倍的努力，来弥补天资的不足。读书易忘,他就用抄书的办法来加深印象,强迫记忆,而且每天仍是读到鸡鸣时方歇,数十年不断。他曾在一篇文中写道:"年少鸡鸣方就枕,老人枕上待鸡鸣。转头三十余年梦,不道消磨只数声。"意思是:我年轻时,读书直到鸡鸣才就枕,老了以后,躺在床上思考问题一直到鸡叫为止。回过头一看,几十年的时间只消磨在鸡叫声中……

这篇文章的确是他一生勤奋苦读的写照。在他80岁高龄时,他仍然夜以继日地用功读书,从不疲倦。甚至在去世前的两三天,他还读了好几本书,并在书上写了详细的批语。

■心灵物语

黄宗羲一生勤奋苦读,克服了难以想象的困难,为广大青少年树立了刻苦读书的榜样。活到老、学到老,黄宗羲做到了。

■史海钩沉

李自成农民起义军覆灭

顺治元年(1644年)十二月,清军出击潼关,大顺军列阵迎战。清军因主力及大炮尚未到达,坚守不战。顺治二年(1645年)清军以红衣大炮攻破潼关,李自成采取避战的方式流窜,经襄阳入湖北,试图与武昌的明朝总兵左良玉联合抗清。左良玉东进南京去南明朝廷"清君侧"征讨马士病英,死途中。四月李自成入武昌,但被清军一击即溃。五月在江西再败。

■文苑荟萃

吴门画派

中国明代中期的绘画派别,亦称"吴派"。因苏州为古吴都城,有吴门之谓,而其主要代表人物如沈周、文徵明、唐寅、仇英等,均属吴郡(今苏州)人,故名。

陈寅恪懂八国语十种文字

> 陈寅恪（1890—1969年），江西义宁（今修水县）人。中国现代最负盛名的历史学家、古典文学研究家、语言学家、文学家和教育家。

陈寅恪自幼酷爱史学，他的记忆力惊人，并且勤学不辍，在20岁时，便已经阅读并精通了大量经史古籍。在他所读的书目里，"十三经""二十四史"、《史记》《资治通鉴》等无所不包。事实上，"十三经"是中国古代十三部儒家经典要著，包括《周礼》《礼记》《仪礼》《公羊传》《谷梁传》《左传》，还有《诗》《书》《易》《孝经》《论语》《尔雅》《孟子》。这些著作多半文笔艰深，内容生僻。但陈寅恪几乎能一字不差地背出来，并且对魏晋南北朝史、隋唐史、蒙古史研究最为深入。

除此之外，陈寅恪还以非凡的毅力攻读了许多国家、民族的语言，学会了英文、日文、法文、德文、世界语等语言，又学通了梵文、巴利文、满文、蒙文、藏文、突厥文、西夏文、波斯文、希腊文、马扎尔文等多种文字，还对其中的梵文、突厥文、西夏文等古文字做了精深的研究。

在随后的日子里，陈寅恪还把其研究成果写成论著，贡献于世。其主要贡献有《隋唐制度渊源略论稿》《唐代政治史述论稿》《元白诗笺证

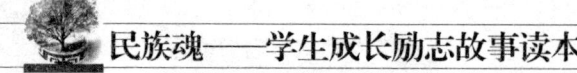

稿》《柳如是别传》等专著和《金明馆丛稿》论文数十篇。

才华横溢的陈寅恪先生先后曾任清华大学、西南联合大学、岭南大学、中山大学等校教授，此外，他还曾任过中央文史馆副馆长。

1946年，清华大学在北平复校。五十多岁的陈寅恪再次被请去从教。此时，他的眼病已经非常严重，以致后来完全失明。我们或许可以想象得出，一个用眼睛在知识海洋遨游惯了的人，一个著述甚丰的史学家、语言学家、文学家、教育家，眼前突然漆黑一片，从一个光明的世界坠进黑暗王国，这一致命的打击该何以承担？但陈寅恪先生仍坚持给研究生上课，五六个研究生每天来到他的家里。他不用教科书，不用教案，不用讲稿，便能准确地说出某书、某卷、某页写的什么话。大家为他非凡的记忆、坚实的基础和超人的思维能力赞叹，更对他的治学精神肃然起敬。

后来，陈寅恪又跌断了左腿，一位七旬老人，既盲又跛，即便是这样，在病榻上的他仍念念不忘学习和工作。

◻心灵物语

陈寅恪的伟大之处在于他身上那种压不垮、打不死的精神。正是凭借着这种精神，陈寅恪先生给我们留下了丰富的文化著述。

◻史海钩沉

陈寅恪的"四不讲"

著名史学家陈寅恪先生先后留学于日本、德国、瑞士、法国、美国等，通晓梵文、突厥文、满文等多种东西方语言文字。归国后先后任教于清华国学研究院、岭南大学等数所大学。陈寅恪一生中为人们留下了大量著作，内容涉及历史、文学、宗教等多个领域，为后来人开辟了新的学术领域，更提供了新的治学方法，民国以来即广为学界所尊崇。

　　陈寅恪治学面广，宗教、历史、语言、人类学、校勘学等均有独到的研究和著述。他曾言："前人讲过的，我不讲；近人讲过的，我不讲；外国人讲过的，我不讲；我自己过去讲过的，也不讲。现在只讲未曾有人讲过的。"因此，陈寅恪的课上学生云集，甚至许多名教授如朱自清、冯友兰、吴宓，北大的德国汉学家钢和泰等都风雨无阻地去听他上课。

■文苑荟萃

挽晓莹

陈寅恪

涕泣对牛衣，卅载都成肠断史。
废残难豹隐，九泉稍待眼枯人。

齐白石一日不虚度

> 齐白石（1864—1957年），湖南湘潭人。宗族派名纯芝，小名阿芝，名璜，字渭清，号兰亭、濒生，别号白石山人，遂以齐白石名行世；并有齐大、木人、木居士、红豆生、星塘老屋后人、借山翁、借山吟馆主者、寄园、萍翁、寄萍堂主人、龙山社长、三百石印富翁、百树梨花主人等大量笔名与自号。20世纪十大画家之一，世界文化名人。

  小时候的齐白石，因为家里生活困难，根本没钱上学，9岁时就在家里帮着挑水、种菜、砍柴、牧牛。后来，因曾跟外祖父学过小半部《论语》，所以识了不少字。每当放牛时，他常把书挂在牛角上，抽空自学下半部《论语》，遇到不认识的字，就趁放牛之便绕到枫林外祖父家请教。在齐白石不满13岁那年，因生活所迫，他开始学木工，外出谋生了。

  十多年过去后，25岁的齐白石越发感到读书的重要性，于是开始了艰苦的自学。他不仅学画，而且对写诗、书法和篆刻也很感兴趣。在随后的日子里，他学刻图章，没有钱买印泥、石头，就用蓖麻油调上石黄、章丹末代替印泥，利用家乡的础石块做石章，刻了磨平，磨平了再刻。房间的东边湿了，他就移到西边继续刻；西边湿了，再移到东边。

  值得一提的是，齐白石磨这坚硬础石的同时也磨砺了自己的意志。他的篆刻艺术也在磨炼中不断长进，他制的印雄浑、洗练独树一帜。

渐渐地,他的篆刻艺术达到了炉火纯青的境地。当时就有人称赞:"白石刻印,其刀直下,长可一寸,深可半米,立时崩裂,风驰电掣,俄顷而成。"

齐白石在学画过程中,既尊重先师,又不因袭先师。在他40岁的时候,他感到自己的作品缺乏个人风格,而出路就是从只讲形式不求传神的束缚中解放出来。于是,他开始游历南北各地的名山大川,以扩大视野,开阔心胸。

在57岁那年,老而弥壮的齐白石宣布要"变法":"余作画数十年,未称己意,从此决定大变,不欲人知,即饿死京华,公等勿怜,乃余或可自问快心时也。"这就是齐白石著名的"衰年变法"。通过"变法",他的画技出现了一个重大的飞跃。

齐白石是以勤奋著称的。自开始作画生涯起,他每天清晨4时起床,冬天也不超过6时,晚上9时前后入睡,从早到晚不是默坐构思,就是伏案挥毫。到了晚年,眼睛不行了,他戴着两副眼镜照样工作。有人给他做过统计,他平生只有几次大病和心情欠佳时没有作画,事后也总要补上。

有一次因心情不好,齐白石停下画笔,第二天补画时题字道:"昨日大风,未曾作画,今日作此补足之,不教一日闲过也。"由于齐白石十分珍惜时间,从57岁到66岁,仅这10年间就作了一万多幅画,刻了三千多枚图章。

艺术创作上的杰出成就,使齐白石在国内外都享有盛誉。他曾荣任全国人民代表大会代表、中国美术家协会主席、中国画院和中央美术学院名誉教授。1955年,齐白石荣获国际和平奖金。

◧心灵物语

齐白石不让一日闲过,专心作画的意志让人叹服,几十年如一日兢兢业业、笔耕不辍地作画,最终成为画坛一代大师。

□ 史海钩沉

淮海战役

淮海战役是解放战争时期中国人民解放军华东、中原野战军在以徐州为中心,东起海州,西至商丘,北起临城(今枣庄市薛城),南达淮河的广大地区,对国民党军进行的第二个战略性进攻战役。淮海战役也是三大战役中解放军牺牲最重、歼敌数量最多、政治影响最大、战争样式最复杂的战役。

□ 文苑荟萃

史前彩陶

中国陶器发明后,经过了约2000年的发展,陶器制作达到了很高水平,精制的彩陶出现了。彩陶不宜作炊器,可以作水器和食器等,一些大型彩陶器是在特定场合使用的饮食器。

彩陶是史前时代最卓越的艺术成就之一,也是人类艺术史上的一座丰碑。石器时代彩陶是史前人类审美情趣的集中体现,也是史前艺术成就的集中体现,有些研究者特别称之为"彩陶文化"。

黄河流域是世界上的彩陶发祥地之一。生活在渭水流域黄土塬上的新石器时代先民最先在陶器上使用了彩色。仰韶文化的彩陶在中国新石器时代彩陶中占有十分重要的地位。仰韶文化前期,彩陶以红地黑彩为主要特色,纹饰多为动物形及其变体,具有浓厚的写实风格,还有不少几何形纹饰,纹饰线条多采用直线,纹饰复杂而繁缛,代表了黄河流域彩陶的主流。后期又出现了白衣黑彩,依然能见到写实图案母题,更多见的是花瓣纹与垂弧纹等,纹饰线条多采用弧线,纹饰比较简练。

第四篇
万物皆师谦虚好学

樊迟谦虚好学

> 樊迟(公元前515—？)，名须，字子迟。春秋末期鲁国人(一说齐国人)。孔子学生，从小贫穷，但读书刻苦，还懂种田。在拜孔子为师之前，已在季氏宰冉求处任职。孔子回鲁后拜师。他求知心切，三次向孔子请教"仁"的学说，还问"知""崇德、修慝、辨惑"等。唐玄宗开元二十七年(739年)封为"樊伯"。宋真宗大中祥符二年(1009年)加封"益都侯"；宋度宗咸淳三年(1267年)以"益都侯"从祀孔子。

孔子一生教过三千多个学生，而得意门生却只有七十多人，樊迟就是其中的一个。樊迟为人谦虚好学，善于独立思考，在学习中遇到什么不懂的问题就向老师请教，有时还向同学请教，而且一定非要把这个问题弄懂了不可。

有一次，樊迟随着孔子闲游，来到一个祈天的祭坛底下。望着高高的祭坛，他不由得问道："个人的品德修养怎样才能积得深厚呢？而人们的私欲怎样才能治得下去？受了私心的迷惑又怎样才能辨别呢？"孔子直点头，连连夸奖他问题提得好。

"仁"，是孔子倡导的儒家学说的核心。这个问题涵盖性强而抽象，不易理解。樊迟也为这个问题苦恼。有一次，樊迟问孔子："什么是'仁'呢？"孔子回答说："仁，就是爱抚众人。"樊迟又问："那么'知'呢？"孔子回答说："就是善于识别人的善恶。"樊迟还是不能理解，就请老师再做进一步的解释。孔子打个比方说："从政治方面谈，如果举贤任能，任用正直的有德有才的人而不任用那些无才无德的奸邪的人，那些奸邪的人就会向正直的人学习而变成好人，这就是'知'啊！"樊迟还是觉得不能深刻理解孔子话的含义，没有彻底弄通这个问题，他心里总是感到不踏实。

有一天，樊迟见到了子夏，子夏是他的同学，在孔子的学生中是个佼佼者。樊迟在与子夏交谈的过程中，又把"知"这个问题提了出来。他对子夏说："前几天我见到了咱们的老师，我问'知是什么意思'，老师说'如果任用正直的贤德的人而那些奸邪的人就会变得正直起来'，这是什么意思呢？"子夏说："这方面的事例多得很呢！譬如说，舜做天子的时候，在众人之中把正直贤德的皋陶提拔起来做宰相执政；商汤做天子的时候，就把正直贤德的伊尹提拔起来做宰相执政。人们都学习他们的良好品德，结果国家治理得很好，这不就是咱们老师说的'善于识别人的善恶'吗？而善于识别人的善恶，又能任用正直贤德的人，这不就是虞舜与商汤的智慧吗？"樊迟这才真正明白了。樊迟这种谦虚好学、打破砂锅问到底的精神，千古以来成为学界的佳话。

◼ **心灵物语**

不懂就要问，直到问懂为止，我们在遇到疑惑时也要学习樊迟这种谦虚好学、善于独立思考的精神。只有这样，才能真正成为一个有学问的人。

◼ **史海钩沉**

世族与政治

春秋时期，各国的统治集团由国君的宗亲或少数异姓贵族所组成。《左传》说："天子建国，诸侯立家，卿置侧室，大夫有贰宗。"从天子到卿大夫都是实行嫡长子继承制，次子则分封。各诸侯国之中，长子继位后，次子或庶子为公子，公子之子为公孙，公子、公孙的家族称公族。由于其贵族身份世代相传，又称之为世族。同姓或异姓贵族都有自己的氏名，并享有封邑和田地。邑或田地的多少、大小，各国不尽相同。如卫国的卿可以拥有百邑，大夫为六十；而晋人为大国之卿有一旅之田，上大夫有一卒之田。当时官禄与土地是相应的，有官则有土，亦享有禄。拥有大片的田地，是卿大夫在政治上具有强大实力的物质基础。

卿大夫在其封邑上建立起一套较为完整的统治机构。卿在封邑上修建起号称为都的城堡，有的规模甚至可和国都相比，还设置有治事的内朝和官属。治理都邑的有邑宰，分管其他具体事务的有马正、司马、工师、贾师等官职。贵族还有权诛戮或惩罚有罪的族众或臣僚。为了封邑的安全，一般都还设有私人武装的甲卒（或称私属）。国君出征时，贵族往往以其甲卒相从。可见在卿大夫都邑中，不仅有农民为贵族提供租税和劳役，而且还有军队、法庭和官属。因而这类都邑实际上是侯国的一个缩影。

当时称这种实力强大的卿大夫家族为强家。各国都有若干在侯国统治集团中占据举足轻重地位的强家（公族）。君主如得不到公族的支持，其统治就很难维持下去。但公族势力过于强大，又会削弱公室的力量。特别到春秋晚期，同姓或异姓的强家实力越来越大，如晋的卻氏"其富半公室，家半三军"，鲁国的季氏"富于周公"，君主已有名无实。这种"末大必折，尾大不掉"的现象在当时非常普遍，造成权去公室、政在家门的结局。所以不久之后，便出现了三家分晋和田氏代齐。

◻ **文苑荟萃**

官制和兵制

王室或侯国中职位最重要者为卿士，是君主的辅佐，当时简称为卿。一般高级官吏皆由大夫充任，而大夫中能秉国政者则号为卿。在卿位者多为公子、公孙。晋国情况略异，卿常由异姓大夫担任。

卿除主政外，作战时或充当将帅。春秋早期，周王室之左、右卿士及齐之国、高二氏，分别担任左、右军之军帅。以后卿人数渐渐增多，如郑、宋有六卿，晋最多时可达十二卿，而掌实权者仍是其中的一二人。他们被称为正卿、冢卿，郑则称为"为政"或"当国"，以区别于其他的卿。

在卿位者仍有具体官职，如鲁的三桓，分别担任司徒、司马和司空；宋的正卿任右师、大司马、左师、太宰等职；楚之二卿为令尹、司马。卿的官位常是世袭的，故当时称之为"世卿"。

王羲之"临池练笔"成书圣

> 王羲之(321—379年),字逸少,号澹斋。祖籍琅琊临沂(今属山东),后迁会稽(今浙江绍兴),晚年隐居剡县金庭。中国东晋书法家,有"书圣"之称。历任秘书郎、宁远将军、江州刺史。后为会稽内史,领右将军,人称"王右军""王会稽"。其子王献之书法亦佳,世人合称为"二王"。此后历代王氏家族书法人才辈出。东晋升平五年卒,葬于金庭瀑布山(又称紫藤山),其五世孙衡舍宅为金庭观,遗址犹存。

王羲之自幼练字,在他7岁的时候,书法已经练得很不错了。他又继续练了四五年,但总是感到进步不大。

有一天,王羲之在父亲的枕下发现一本名叫《笔谈》的书,里面讲的都是有关写字的方法。他高兴得如获至宝,偷偷地阅读起来。正当他读得起劲的时候,父亲走进屋来,问道:"为什么偷我枕中秘书?"羲之笑而不答。

这时,母亲过来帮他打圆场,从旁插了一句:"你是在揣摩用笔的方法吗?"父亲认为他年纪太小,未必能够读懂,就把书收了回去,对他说:"等你长大了再教你读。"王羲之有点儿不高兴地说:"如果等我长大了才讲究笔法,那我这几年的时光不就白白浪费了吗?还是让我现在就学吧,免得不懂方法瞎摸索。"父亲听他说得有理,便把书给了他。

于是，王羲之按照书中所讲的方法天天苦练起来。不久，他的书法便有了显著进步。

但是，王羲之并不满足已有的进步。有一次，他看见东汉书法家张芝的书迹，简直爱不释手，自叹不如。张芝的草书写得好，人称"草圣"。王羲之不仅爱慕他的字，更钦佩他"临池学书，池水尽黑"苦练书法的顽强精神。在给朋友的一封信里，王羲之写道："张芝就着池塘的水练书法，连池水都变黑了。如果人们也下这么深的功夫去练习，未必会赶不上张芝。"

自此以后，王羲之每天挥笔疾书，写完字后就到家门口的水池去涮笔。久而久之，池水都染黑了，人们把这个水池称作"墨池"。王羲之勤学苦练书法，他草书学张芝，正书学钟繇，并且博采众长，推陈出新，终于形成了自己书法的独特风格，创造了一种漂亮流利的今体书法，后人称他为"书圣"。

心灵物语

成功没有捷径，唯有"临池学书，池水尽黑"、勤学苦练的精神才能有所作为。

史海钩沉

南宋联蒙灭金

1214年7月，宋宁宗接纳真德秀的奏议，决定从此不再向金贡纳"岁币"。而此时，金朝已遭受蒙古帝国的打击，被逼由燕京迁都至开封。为了扩大疆土以弥补被蒙古侵占的地域，金以宋不再纳岁币为名出兵南侵，南宋则与蒙古联手协议击退金军，南宋可获河南作回报。

1232年，宋攻下金的郑州及唐州等地。金哀宗在汴京失守后逃往归德，再逃至蔡州。哀宗向宋理宗提议联手抗蒙，向理宗说明"唇齿相依，唇亡齿寒"的道理。但即位不久的理宗在朝中大臣的建议下，为报靖康之辱，并没有理会哀宗要求，继续伐金。1234年，金国蔡州被蒙宋联军攻陷，金哀宗自缢，金灭亡。在蒙古族灭亡金朝后，南宋失去金朝作为屏障，面临比金更强大的蒙古南下的威胁。

■ 文苑荟萃

兰亭集序（节选）

　　永和九年，岁在癸丑，暮春之初，会于会稽山阴之兰亭，修禊事也。群贤毕至，少长咸集。此地有崇山峻岭，茂林修竹；又有清流激湍，映带左右，引以为流觞曲水，列坐其次。虽无丝竹管弦之盛，一觞一咏，亦足以畅叙幽情。是日也，天朗气清，惠风和畅，仰观宇宙之大，俯察品类之盛，所以游目骋怀，足以极视听之娱，信可乐也。

王献之写完十八缸水

> 王献之(344—386年),字子敬,汉族,东晋琅琊临沂人。书法家、诗人。祖籍山东临沂,生于会稽(今浙江绍兴)。王羲之第七子。官至中书令,为与后世书法家王珉区分,人称王大令。与其父并称为"二王"。

王献之是王羲之的第七个儿子,自幼聪明好学,在书法上专攻草书隶书,也善画画。他七八岁时始学书法,师承父亲。

有一次,王羲之看献之正聚精会神地练习书法,便悄悄走到他背后,突然伸手去抽献之手中的毛笔,献之握笔很牢,没被抽掉。父亲很高兴,夸赞道:"此儿后当复有大名。"小献之听后心中沾沾自喜。

还有一次,王羲之的一位朋友让王献之在扇子上写字。献之挥笔便写,突然笔落扇上,把字污染了。小献之灵机一动,一头小牛栩栩如生跃于扇面之上。因为不断听到众人对自己的书法绘画的称赞,小献之滋长了骄傲情绪。献之的父母看此情景,若有所思……

一天,小献之问母亲郗氏:"我只要再写上三年就行了吧?"母亲摇摇头。"五年总行了吧?"母亲又摇摇头。

献之急了,冲着母亲说:"那您说究竟要多长时间?""你要记住,写完院里这十八缸水,你的字才会有筋有骨,有血有肉,才会站得直立得稳。"献之一回头,原来父亲站在了他的背后。王献之心中不服,什么都没说,一咬牙又练了五年,把一大堆写好的字给父亲看,希望听到几句表扬的话。谁知,王羲之一张张掀过,一个劲地摇头。掀到一个"大"字,父亲现出了较满意的表情,随手在"大"字下填了一个点,然后把字稿全部退还给献之。

小献之心中仍然不服,又将全部习字抱给母亲看,并说:"我又练了五年,并且是完全按照父亲的字样练的。您仔细看看,我和父亲的字还有什么不同?"母亲果然认真地看了三天,最后指着王羲之在"大"字下加的那个点儿,叹了口气说:"吾儿磨尽三缸水,唯有一点似羲之。"

献之听后泄气了,有气无力地说:"难啊!这样下去,啥时候才能有成就呢?"母亲见他的骄气已经消尽了,就鼓励他说:"孩子,只要功夫深,就没有过不去的河、翻不过的山。你只要像这几年一样坚持不懈地练下去,就一定会达到目的的!"献之听完后深有触动,又锲而不舍地练下去。

功夫不负有心人,王献之练字用尽了十八缸水,在书法上终于突飞猛进。后来,王献之的字也到了力透纸背、炉火纯青的程度,和父亲王羲之被人们称为"二王"。

心灵物语

世上无难事,只怕有心人。王献之刻苦治学的精神是我们当代青少年学习的典范。

史海钩沉

宋金和约之订立

宋高宗赵构由于害怕军人战胜回朝会专横难制,而且亦担心钦宗回朝继承其死后的帝位(当时高宗因不能生育而绝后),所以在1138年任秦桧为相,向金推行求和政策。秦桧首先削去抗金将领韩世忠的兵权。1138年,金初次协议,南宋取回河南、陕西之地。

1140年,金朝撕毁协议,金军分三路大举南侵,重占宋朝开封。宋军在许多抗金名将指挥下,取得辉煌战果。尤其是岳飞在郾城与金兵将领兀术会战,力挫金兵,乘机进兵朱仙镇,收复了黄河以南一带,距开封只有45里。后来,高宗听取了秦桧意见,以12道金牌下令岳飞班师回朝,并在1142年1月被以莫须有的罪名杀害了岳飞。宋高宗以向金国纳贡称臣为代价,换回了东南半壁江山的统治权。

□文苑荟萃

《洛神赋十三行》

简称《洛神赋》,东晋王献之的小楷书法代表作。原来的墨迹写在麻笺上,内容为三国时期魏国著名文学家曹植的文章《洛神赋》,但流传到唐宋时就已经残损并亡佚了,仅残存中间十三行,所以一般人都简称为《十三行》。流传下来的刻本有"碧玉版本"和"白玉版本"两种。其中"碧玉版本"较好,它于明万历年间在杭州西湖葛岭的半闲堂旧址出土,现藏于辽宁博物馆。

智永和他的"退笔冢"

> 智永(生卒年不详),本姓王,名法极,会稽(今浙江绍兴)人。中国南朝陈、隋书法家,晋代书法大家王羲之的第七世孙。智永舍俗为僧,居会稽之永欣寺,人号"永禅师"。

南北朝时期的陈朝(557—589年),善琏有座很有名气的永欣寺。寺院之所以有名望,在于寺院里居住着一位很有名望的书僧智永禅师。

善琏是湖笔的发源地,智永到善琏的目的,就是为了用湖笔习字。

王羲之有"临池练笔"的佳话,智永有"退笔冢"的史实。他在永欣寺中坚持练笔30年,每当写坏一支笔,他就将废笔头投入墙边的大瓮中。这大瓮容量很大,可装好几石,积了30年,智永把废笔头埋葬在一起,筑了一个墓,称为"退笔冢"。

智永的书法真正继承了他的先祖王羲之的精髓,书艺很高。所以,请他题字的人一天天多起来,居然把他所住屋子的门槛都踏去了一层皮,智永就请人包了一层铁皮以保护门槛。人们称之为"铁门限"。

于是,智永的"退笔冢",成了勤学的典范;永欣寺的铁门槛产生了一句成语,叫作"户限为穿"。

智永在善琏的"退笔冢"和"铁门限"两件事,千百年来被老百姓们所赞颂。

■心灵物语

智永长期坚持不懈刻苦练字，终于功夫不负有心人，他的书法笔势飞扬，形成了自己的风格，为后人留下了学习的蓝本。

■史海钩沉

陈与北齐淮南之战

陈太建五年（北齐武平四年，573年）三月至十二月，陈镇前将军吴明彻率军于淮南（泛指今淮河以南地区）击败北齐军，史称"淮南之战"。

太建五年三月，陈宣帝陈顼计划讨伐北齐，命吴明彻都督征讨诸军事，与都官尚书裴忌领兵十万北击北齐，吴明彻攻秦郡（今江苏六合），都督黄法𣰰攻历阳（今安徽和县）。四月，黄法𣰰部将复广达于大岘（今安徽含山东北）击破北齐军，吴明彻部将程文季率敢死队拔掉州前水障木栅，进围秦州。北齐遣军援救历阳，为黄法𣰰所败，又以尉破胡、长孙洪略援救秦州。吴明彻使猛将萧摩诃击斩北齐军前队善射者西域胡及大力者十余人，北齐军大败，尉破胡逃走，长孙洪略战死。北齐使王琳赴寿阳（今安徽寿县）召兴，以抵抗陈朝。五月，黄法𣰰攻克历阳，尽杀守城士兵后进军合肥，合肥望旗请降。秦州亦降。十月，吴明彻进攻寿阳，于肥水筑坝，引水灌城。北齐派行台右仆射皮景和等率军数十万援救寿阳，距寿阳30里即扎营，但逗留不敢逼近。吴明彻乘机猛攻，一鼓作气攻克寿阳，俘王琳等人送于建康（今江苏南京）斩首，皮景和引军北还。陈军先后攻克北齐数十城。淮南数州郡或占、或降，归属于陈。

■文苑荟萃

《真草千字文》

真草二体，是智永传世代表作，也是我国书法史上留传的千古名迹。

传智永曾写千字文800本,散于世间,江东诸寺各施一本。现传世的有墨迹、刻本两种。墨迹本为日本所藏,纸本,册装,计202行,每行10字。原为谷铁臣旧藏,后归小川为次郎。后有杨守敬、内藤湖南所写两跋。

《真草千字文》是智永晚年以当时的识字课《千文字》为内容,用真、草两体写成四言文章,便于初学者诵读、识字。这类文章古代即有,而以南朝梁武帝命周兴嗣所撰千字文流传最广,名人书写而传世者很多。从书史发展来看,智永《真草千字文》卷的规范作用超过了传为东汉蔡邕书《熹平石经》的影响。

 魏照邻师而学

> 郭泰(128—169年),字林宗,太原介休人。身长八尺,相貌魁伟,绣衣博带,周游列国。与李膺等交游,名重洛阳,太学生推为领袖。第一次党锢事起,被士子誉为"八顾"之一,言能以德行导人。官府召辟,皆不就。他虽好褒贬人物,然也不危言骇论,故不在禁锢之列。后闭门教授,弟子千人。

东汉末年,有一位著名文人叫郭泰,他不仅博通古籍,学问精深,治学严谨,而且为人忠厚、正直、谦和。许多读书的人都求拜他做老师。

慕名而来的一些学生,平时只是来听听老师读经、讲经而已。有个叫魏照的少年却把行李搬来,整天和郭泰老师吃住在一起。他不但用心听老师讲经书,还时时、处处注意学习老师的言谈举止和为人治学的品质。每天清晨,魏照早早起来,洒扫庭院,清理房舍,点火做饭,热心地为老师端水送餐,细心地照料老师的衣、食、住、行。老师对这个学生的言行看在眼里,记在心上。

于是,有一天郭泰便问他:"魏照啊,别人认我为老师,不过是让我为他们讲讲经书,学学知识。我一讲完课,他们就四散而去,各自回家了。只有你和他们不一样,每天还时刻陪伴着我,这是为什么呢?"

魏照非常诚恳地回答道："当今，专门找一位传授知识的老师是比较容易做到的。但是，要找一位能教育自己怎样立志做人的老师却是很难的。我之所以天天和您在一起，是想处处观察和效仿您的言谈举止，学习您待人接物所体现的品格。这就像一束洁白的蚕丝，挨着鲜红的染料就会被渐渐染红一样。"他这一席话，使老师很受感动。

郭泰通过观察了解，觉得魏照确实是一位最有希望、最虚心好学的学生，于是，他便耐心地言传身教，把自己的全部知识和立志做人的信条毫不保留地教给魏照。由于刻苦勤奋、好学上进，魏照很快就成为一个学识渊博、有骨气、有志向的人。

■心灵物语

尊师重教是中华民族的传统美德之一。魏照不但向老师学知识，还学习老师好的言行举止来加强自身修养的精神，这是我们当代青年应该学习的。

■史海钩沉

汉征朝鲜

战国时期，中原战乱，邻近朝鲜的燕、齐两国人为了逃避战乱曾成批迁到朝鲜。秦灭燕国以后，朝鲜属于辽东郡外侧的国家。汉朝建立后，由于距离朝鲜太远，难以防守，便修筑了战国时辽东郡的原有要塞，一直到浿水（今鸭绿江）为界，将该地划归燕国。后来，燕王卢绾逃往匈奴，燕人卫满乘此机会，率领千余人渡过浿水奔到朝鲜，立自己为朝鲜王，建都王险城（今朝鲜平壤市），统治朝鲜半岛西北部。

孝惠帝和吕后统治时期，天下刚刚安定，辽东郡太守就约卫满做汉朝的外臣，替汉朝防守塞外的蛮夷人，以防止他们滋扰汉边境。

汉武帝时，卫满的孙子右渠当政，招诱汉朝很多逃亡的人民，不去晋见汉武帝，而且蛮夷族想晋见汉武帝，也被右渠挡住。元封二年（公元前109年），汉武帝派遣使者涉何出使朝鲜，指责右渠这种不友好的举动，右渠不服。涉何离开朝鲜到达汉边境时，命令士兵杀死前来送行的右渠手下的裨将长。回国后，他向汉武帝报告了出使的情况，汉武帝命涉何任辽东郡东部都尉。右渠因涉何杀死手下将领，派兵攻击辽东郡，杀死涉何。汉武帝下诏令，招募天下罪人编入军队，派遣楼船将军杨仆率领五万余人，左将军荀彘从辽东郡出兵配合，征讨朝鲜。

□文苑荟萃

相风铜鸟

张衡不仅发明了地动仪，在气象学方面还创造了一种测定风向的仪器——"候风仪"，又叫"相风铜鸟"。在一根5丈高的竿顶上安放一只衔着花的铜鸟，可以随着风向转动，鸟头所对，便是风的方向。这个仪器和欧洲装在屋顶上的"候风鸡"相似。但是，"候风鸡"是在20世纪才出现的，比起张衡的"候风仪"晚了一千多年。

第四篇 / 万物皆师谦虚好学

黄霸狱中拜师求学

> 黄霸（？—前51年），字次公，淮阳阳夏人。黄霸为人明察秋毫，心思敏捷，通晓文法，性情温良，懂得谦让，有智慧，善于组织调度下属。他做县丞，处理事情颁布决议都合乎法律，迎合人心。太守非常信任他，官吏百姓都很爱戴他。

黄霸是西汉时期著名的清官，他为官清廉，为人正直，深受老百姓的拥戴。

在汉宣帝初年，诏书为汉武帝立庙乐，并让满朝文武大臣们商议。讨论中，大臣们认为皇帝的这个主意很好，但一老臣夏侯胜却表示反对，他认为：汉武帝虽然有开疆扩土的功劳，但他生活非常奢侈，乱杀无辜，强征于人民，使得"天下虚耗，百姓流离"，既然"无德泽于民"，当然就不应该给他立庙乐。

黄霸当时正任丞相长史，遂也参加了讨论。他对老臣夏侯胜的意见很有几分赞许，所以既没有当场制止，事后也没有向皇帝劾奏。结果，夏侯胜被加上"非议诏书，诽谤先帝，大逆不道"的罪名，被抓入狱。而黄霸也被追加上了附和、纵容"逆臣夏侯胜"的罪名，和夏侯胜关在一起，准备处以死刑。

103

夏侯胜在当时是一个研究《尚书》的专家，很有名气。黄霸虽然知道自己已被判处死刑，但觉得和这么一位专家在一起实在是一个难得的学习好机会，便主动请教夏侯胜，请他讲解一下《尚书》。

夏侯胜觉得事已至此，研究《尚书》已无什么实际意义，便婉言劝说："你我都是犯罪坐牢的人，说不定明天就会被推出去砍头，还讲《尚书》有什么用呢？"

黄霸求知心切，笑了笑说："孔子是说过，'朝闻道，夕死可矣！'如果能够抓紧时间多学一点儿东西，被砍头的时候心情也快慰呀！"

夏侯胜终于被黄霸这种热爱学习的精神感动了，答应了他的请求。

从那以后，黄霸和夏侯胜时而讲书，时而诵读，时而共同讨论。在三年的牢狱生活中，他们一个教而不厌，一个学而不倦，都没有虚度光阴。后来被释放出狱的时候，两个人的学问都有了很大的长进。

■心灵物语

朝闻道，夕死可矣！黄霸被囚狱中而不虚度光阴，并且惜时如金，时时不忘学习，这种勤奋好学的品质值得我们后人称颂和发扬！

■史海钩沉

西汉初年的"休养生息"

楚汉之际四年多的战乱中，生产受到严重破坏，社会经济凋敝。农民大量流亡异乡，卖妻鬻子。城市人口减少，市场混乱。投机商囤积居奇，物价踊贵，米一石值万钱，马一匹价百金。新建立的西汉政权府库空虚，财政困难，天子找不到四匹同色的马来驾车，将相有时只好乘牛车出门。

面对这种残破局面，汉高祖刘邦不得不把恢复农业生产、稳定封建秩序作为自己的首要任务，为此采取了一些重要的措施进行改革。

■文苑荟萃

铁农具和牛耕的普遍使用

汉初至文景的六十多年内，社会经济逐渐由凋敝状态中恢复过来并且走向发展。到武帝时，便出现了一种繁荣富庶、国库充足的景象。据司马迁记载，当时太仓和城乡仓库粮食丰积，陈陈相因，以致腐败不可食；府库货财充斥，钱串都朽断了。

西汉初年，铁制农具已推广到中原以外的很多地区。武帝时冶铁制器归国家垄断，铁农具的传播更为迅速。不但在中原地区，而且在今辽宁、甘肃、湖南、四川等省以及更远的一些地方，都有西汉的铲、镬、锄、镰、铧等铁制农具出土。出土铁制铧数量很多，宽窄大小不一，这是各地区因地制宜地发展犁耕技术的结果。最大的铧宽达42厘米，这也许是为开沟作渠等农事需要而铸造的农具。

高凤读书不为做官为学识

东汉时期,在南阳叶县(今河南叶县南)出了一个很有名望的儒生,名叫高凤。

高凤出生在一个穷人的家里,他从小就酷爱学习,经常是学着学着就忘记了吃饭和睡觉,只有家人收了他的书,他才勉勉强强地答应下次不再这样。可等下一次,又碰到一本好书,他的老毛病就又犯了。家人拿他是一点儿办法也没有。靠着勤学苦练,十几岁的时候他就已经成了远近闻名的学者。

当时,很多人读书都抱有一个目的,那就是想升官发财。但高凤生性淡泊,视功名利禄如粪土,死活也不肯去应考。有一次,高凤的一个好朋友特意来拜访高凤。他对高凤说:"你的才识在我之上,进入仕途完全不在话下。你为什么不去试一试呢?"

高凤笑了笑,说:"我读书只是为了学知识,并不是想升官发财。况且,考虑如何当官不仅会花去我很多时间,而且还会限制我读书的范围。"

高凤成家后,仍不辍于学。他白天在村里学堂教书,回到家里还得批改作业,有时还要忙地里的活。每天剩下来读书的时间并不多,但他仍然利用一切空余时间来读书。晚上是他学习的最佳时间,每天半夜时分,他小屋里的灯光还依然亮着;早晨天还未亮,他又起身读书了。

一年夏天，地里的麦子刚收完，天就下起了大雨，而且一下就是好几天。麦子潮湿了，不能直接存在仓里，否则时间长了会发霉。好不容易等到了一个晴天，一大早，他和妻子就一起在门前的平地上铺上席子，把麦子摊开在席子上，想好好晒晒。吃过早饭后，妻子又要去忙地里的活，就把看麦子的活交给了高凤。妻子知道高凤是个书迷，担心他看书入迷，会把看麦子的事给忘了，临走前还特意叮嘱他："一定要小心啊！这可是咱们全家一年的口粮呀！千万不要让鸟儿给糟蹋了。多注意一下天气，看要变天了，就赶忙收起来。"

高凤拍了拍胸脯，向妻子保证说："不就是看看麦子吗？没问题！你尽管放心走吧！"

妻子看看他，眼里仍是存有一丝疑虑，可又没办法。她刚抬腿，正好看见门边放着一根竹竿，就拿过来，递给高凤说："正好，有了这个东西，也省得你来回跑动。"妻子说完话就走了。

高凤还真听话，妻子前脚刚一出门，他后脚就到了院子里，在平地上席子周围走来走去。看见有鸟儿向院子里飞来，还没等鸟儿落地，他就一边嘴里喊着，一边用手中的竹竿向半空中挥舞。鸟儿都不敢飞下来。高凤见状，暗自高兴。可是来回走了几趟，他就有些累了，看看也没有鸟儿敢来，他就回屋搬了个小凳放在树下，自己则面朝着麦子一边坐下来，把竹竿放在了椅子旁边。很快他的书瘾又犯了！

高凤想回到屋里去拿本书来看，可想起刚才妻子对自己说的话，就没敢动。待了一会儿，他又想去拿书，可一想到自己刚才对妻子下保证时的样子，强忍着又待了一会儿。最后，他实在忍不住了，又看看左右上下没有什么鸟儿，就跑回屋子里找了一本书来看。开始时，他还记着看麦子的事，看一会儿书就抬起头来看一下麦子，看见有鸟儿啄食就把它赶走。可到后来，他完全沉浸到书中去了，把看麦子的事全都抛到了脑后。

天有不测风云，刚才还是好好的天，一下子又是乌云密布了。眼看着就要下大雨了，可高凤一点儿也没有感觉到，还在专心致志地看书。他的妻子在田里干活，看看变了天，知道又要下雨了，心里想着家里晒着的麦子，就急忙收了工，快步往回走。可她刚走到半道，大雨便倾盆而下。等妻子赶到家里，推门一看，麦子全泡在了水里，满院子水到处流。再看高凤，却还在树下捧着书，一边看，一边还念念有词："逝者如斯夫……"

高凤一生不愿为官。由于他名望很大，太守曾几次召请他进京，都被他婉言谢绝了。后来，将作大匠（朝廷管土木营建的官）任隗举荐他，在进京的半道上他又借故有病逃了回来。此后，他一直隐居在乡里，直到最后老死。

■ 心灵物语

做学问就要专注，若心中常挂念别的事情，是不能做好学问的。学习也是这样，我们要像高凤这样专心致志、全身心地投入进去。

■ 史海钩沉

霍光辅政

霍光，字子孟，骠骑将军霍去病的弟弟。其父名为中孺，河东平阳人。中孺与平阳侯的侍者卫少儿私通而生霍去病，后来娶妻生霍光，因而霍光与霍去病两人原来并不熟悉。后来，卫少儿的妹妹深得武帝宠幸，立为皇后。由于霍去病是皇后的外甥，也得武帝宠信，这时才知其父是霍中孺。为骠骑将军率兵击匈奴的时候，霍去病迎见其父，为其父买了许多田宅和奴婢。胜利回师的时候，霍去病就顺路把霍光带回长安，当时霍光仅十余岁。霍去病死后，霍光被举为奉车都尉光禄大夫，出则奉车，入则侍奉，环侍武帝左右二十余年。由于他小心谨慎，兢兢业业，深得武帝宠信。

■文苑荟萃

"乐府双璧"

"乐府双璧"即《木兰诗》和《孔雀东南飞》的喻称。《木兰诗》又名《木兰辞》,是北朝民歌;《孔雀东南飞》又名《古诗为焦仲卿妻作》,是古乐府民歌的代表作之一,也是保存下来的最早的一首长篇叙事诗。

《木兰诗》是我国古典诗歌中不可多得的优秀叙事长诗之一,选自宋代郭茂倩编的《乐府诗集》,长达三百余字。其内容写少女花木兰代父从军的故事,塑造了一个奔赴疆场、屡立战功而又不失劳动人民本色的女英雄形象。这种艺术形象也打破了"女不如男"的封建传统观念。它是现实主义和浪漫主义相结合的诗篇。诗的语言丰富多彩,有朴素自然的口语,有精妙工整的律句。句型或整或散、长短错落,排句的反复咏叹,比喻的新颖出奇,都加强了诗的音乐性和表现力。

《孔雀东南飞》,汉乐府诗篇名,因其首句为"孔雀东南飞",故名。最早见陈代徐陵《玉台新咏》,题名为《古诗为焦仲卿妻作》。全诗一千七百多字,是保存下来的我国古代最早的一首长篇叙事诗。它通过焦仲卿、刘兰芝的婚姻悲剧,有力地揭露了封建礼教、封建家长制的罪恶,同时热烈歌颂了兰芝夫妇为了忠于爱情宁死不屈、反抗封建恶势力的斗争精神。《孔雀东南飞》艺术成就较高,成功地塑造了几个鲜明的人物形象,通过这些来表现反封建礼教的主题思想。全诗语言朴素通畅,叙事中兼有浓厚抒情,描写上铺张排比,是当时五言叙事诗的代表作品。

范纯仁深夜帐内苦读

> 范纯仁（1027—1101年），字尧夫，吴县（今江苏苏州）人，范仲淹次子。以父恩补太常寺太祝。皇祐元年进士及第，以事亲不赴官，后为范仲淹执服毕始出仕。

范纯仁虽然出生于官宦书香之家，却从来没有骄傲自大、目空一切的毛病，他从小便是一个诚实谦虚、刻苦好学、努力上进的人。

由于家中藏书很多，范纯仁几乎是在书堆中长大的。为了读书，他几乎放弃了所有的娱乐时间。面对这些知识财富，他真想把它们都消化吸收掉。

白天，由于家中事务的干扰，读书有时不能专心致志；夜晚，来的人少了，庭院又寂静，那可是读书的好时光。不过，在书房读书久了，家人为照顾他的身体，常来催他上床睡觉，这样就会屡次打断他读书的思绪。范纯仁为此很苦恼，上床睡觉吧，心中惦记着那些没有读完的书，实在是毫无睡意；如果再在书房待下去，不仅违背了家人的好意，而且读书的兴致也会常常被打断。怎么办呢？

范纯仁想了想，终于想出了一个办法：每到家人快睡觉的时候，他也假意要休息，很快便钻进蚊帐笼罩的被窝。其实，他白天已经把油灯和书藏到里面了。假装睡了一会儿，其他人都睡着了，范纯仁再起身点上油灯，在蚊帐内专心致志地阅读起来。

就这样，他在蚊帐内读书，常常读到深更半夜。

一次，范纯仁读书读得太疲劳了，不知不觉睡了过去，一不小心把正点着的油灯碰翻，火很快把蚊帐点燃了。范纯仁却丝毫不觉，直到脸面被火烤得生痛，他猛然惊醒过来，才知情况不妙。

幸亏当时家中人多，大家七手八脚把火扑灭了。由于扑火及时，没有造成大的损失。

为此，范纯仁受到家人的责备。但没几天，他又忍不住在帐内阅读起来。家人看到他如此用功读书，也不责怪他了，而且为了安全，便让他到书房去阅读，不再打扰他了。

一天，范纯仁的夫人收拾蚊帐准备洗涤，突然发现帐顶上漆黑一片，原来那是范纯仁在帐内读书时油灯的烟熏黑的。夫人非常感动，她悄悄把这顶蚊帐收起来，没有把它拿去洗干净。后来，他们有了儿子，又有了孙子。每当全家在一起时，范纯仁的夫人就把这顶蚊帐拿出来给儿孙看，并告诫儿孙说："这是你们的先辈当年勤学，在帐内读书被灯烟熏黑的，你们都要像他那样，靠自己的努力成才。"

■ 心灵物语

范纯仁热爱学习，他专心致志、帐内苦读的精神令人感动。读书是一件持之以恒的事情，环境的好坏并不重要，重要的是要有肯下苦功的决心，而范纯仁下苦功读书的精神正是我辈所缺少的！

■ 史海钩沉

开元之治

开元之治是唐玄宗（李隆基）统治前期所出现的盛世。唐玄宗在位44年，前期（开元年间）政治比较清明，任用贤能，经济迅速发展，提倡文教，使得天下大治，唐朝进入全盛时期，成为当时世界上最强盛的国家，史称"开元盛世"，共29年。

□ 文苑荟萃

唐朝书法

唐朝时期书法家辈出，欧阳询、虞世南都是初唐时期著名的书法家。欧阳询的楷书笔力严整，其名作有《九成宫醴泉铭》。虞世南楷书字体柔圆。颜真卿和柳公权是唐朝中后期的著名书法家。颜真卿的楷书用笔肥厚，内含筋骨，劲健洒脱，其代表作有《多宝塔碑》；柳公权的字体劲健，代表作有《玄秘塔碑》，世人称颜、柳二人书法为"颜筋柳骨"。张旭和怀素则是唐朝时期的草书大家。

方以智墙壁贴文

> 方以智（1611—1671年），字密之，号曼公，又号鹿起、龙眠愚者等，兼有别号多种。安徽桐城人，明末清初的唯物主义思想家和爱国主义者。他精通哲学、自然科学、文学、医学等许多门科学，一生写下不少著作，现存有28种之多。这些著作大部分是他在读书笔记基础上充实发展起来的。

  少年时代起，方以智就好学勤记。每读一本书，遇到自己特别喜爱的篇章、片段或警句，他就用卡片抄录下来，反复吟读十余遍，然后把它贴在墙壁上。这样，每天他都要抄上六七段甚至十几段。每当读书作文告一段落，在房中散步的时候，他就借此机会再看看、读读墙上的那些篇章、片段。

  方以智还给自己立下一条规则：每天必须有计划地把墙上的内容从旧到新地读上三五遍，直至滚瓜烂熟，一字不漏为止。四周墙壁都贴满了，他就把前两天所贴的收起来，藏到书笼中，再把当天刚刚抄录的贴补在空白之处。这样，他每天收下一批，又补上一批，从未间断过。他用这种办法积累了上万段精彩的文字，为以后写文章打下了坚实的基础。

  除了用此方法外，方以智还勤于记读书笔记。每读完一本书，他都要写很详细的读书笔记，记录自己的心得体会，摘录书上重要的文句，常常一天要写十几条或几条。他的笔记本很多,有的用来记录为人处世的道理,有的用来记录自然科学知识和社会科学知识,有的用来记录地方上的风俗习惯和奇闻逸事,有的用来记录奥妙的哲学道理。每隔一段时间,他就要整理一番,分类归纳,编出索引,以备查阅。

方以智写读书笔记很认真,不仅字写得端端正正,而且还特别详细。他为了研究一个问题,常常要翻看许多书,搜集许多民间生活材料,直到把问题彻底弄清楚为止。

有一次,方以智为了研究明朝以前人们住的房屋、用的器具和穿的衣服,不仅翻阅了七十多种书,还访问了许多老年人,终于把这些方面的问题弄清楚,写出了很详细的研究报告。他经常不断地写笔记,右手握笔的部位都长满了厚厚的老茧,以致老茧最后竟凸起很大一块,朋友们都戏称这为"六指"。

他的读书笔记博及群书,考据精确,这对他后来的写作帮助很大。方以智的著作《通雅》获得世人很高的评价。

心灵物语

好记性不如烂笔头,我们读书时遇到一时弄不懂的问题,应该像方以智这样记下来,抽出时间再慢慢解决。

史海钩沉

西学东渐

西学东渐是指近代西方学术思想向中国传播的历史过程,虽然也可以泛指自上古以来一直到当代的各种西方事物传入中国,但通常而言是指在明末清初以及晚清民初两个时期之中,欧洲及美国等地学术思想的传入。

在这段时期中,中国人对西方事物的态度由最初的排拒,到逐渐接受西学甚至要求"全盘西化"。在西学东渐的过程中，藉由来华西人、出洋华人、各种报刊、书籍以及新式教育等作为媒介，以澳门、香港、其他通商口岸以及日本等作为重要窗口，西方的哲学、天文、物理、化学、医学、生物学、地理、政治学、社会学、经济学、法学、应用科技、史学、文学、艺术等大量传入中国，对于中国的学术、思想、政治和社会经济都产生了重大影响。

■文苑荟萃

方以智墓

方以智墓位于安徽枞阳县城东北45千米的浮山北麓，西距安合公路6千米。墓地坐南朝北，依山傍水，由墓冢、祭坛、拜台三部分构成，占地210平方米。墓冢以花岗石相围，墓碑竖于《生事略碑》后，碑上因方氏子孙尊先生反清之志，未署清帝年号。左侧为潘氏夫人之墓。

方以智墓冢前为石砌祭坛，并立有近人书刻《方密之先生事略碑》，西边配石刻对联："博学清操重百世，名山胜水共千秋。"以下依次建拜台三道，迎出山脚。拜台前均有白石栏杆，第一道拜台有石狮一对，分立左右。台下右侧立大理石标志碑一块。四周松青柏绿，郁郁葱葱，整个墓地居高临下，气势开阔，肃穆庄重。方以智墓为安徽省级重点文物保护单位。

"书耗子"侯德榜

> 侯德榜（1890—1974年），著名化学家，"侯氏制碱法"的创始人。他为中国的化学工业事业奋斗终身，并以独创的制碱工艺闻名于世界。

　　侯德榜的祖父、父亲都是农民。小时候，由于家里生活艰辛，6岁的侯德榜就常常下地干活。虽然白天的劳动很辛苦，但侯德榜还是抓住一切可以利用的时间努力学习。

　　一天，父亲下地干活，侯德榜在不远的地方放牛。傍晚收工后，父亲没有看到他的人影，十分焦急，最后听见闽江岸边一丛荔枝林里传来一阵熟悉的读书声，父亲循声走过去，发现儿子正坐在一棵树下读书，而牛在不远的草地上已经吃饱休息了。侯德榜读书忘了时间，也忘了周围的一切，更没觉察到身后的父亲。

　　还有一次，祖父找德榜有事，走到村外，远远见德榜正伏在水车上车水。

　　"德榜……德榜……"祖父高声喊着，德榜却没有反应。这下祖父有些生气了，他想："这孩子，怎么会这么不懂事呢，以前不是这样的嘛！"他很想过去申斥孙子几句，却忽然听到孙子在忘情地读着古诗。老人听了很是吃惊，也很高兴，他这才知道，原来德榜一边车水，一边在学习。于是，祖父没有再打搅他读书，悄悄地离开了。

乡间的书太少了，小德榜如饥似渴地找书读。一年夏天，他到姑妈家去玩儿，姑妈叫他到小阁楼里去找一件东西，他上去了好久都没有下来。原来，他在那里发现了几箱书，非常兴奋。从此以后，他便经常找借口到姑妈家去，到阁楼上看书，一待就是半天。后来，姑妈也发现了侯德榜每次来的意图，于是每次看到他去都会笑着说："哎哟，书耗子又来了，快去阁楼上啃书吧。"就这样，在姑妈家里侯德榜看了很多书，懂得了许多的知识。他对读书的兴致更大了。

在祖父的鼓励和姑妈的资助下，侯德榜考进了当时美国人在福州开办的一所教会中学英华书院学习，当时他才13岁。这所书院教学设备、图书都是福州学校里最好的。德榜努力学习，成绩一直都名列前茅。

就这样，侯德榜继续刻苦攻读，又考入了当时北京的清华留美预备学堂，并且很快就以10门功课1000分的优异成绩，成为学校里最出名的人。

两年后，侯德榜又远渡重洋，到美国著名的麻省理工学院化学系攻读。经过若干年的努力，他终于用所学的知识报效祖国，为振兴祖国、富强祖国作出了重大的贡献。

▣ 心灵物语

成功来自于刻苦。侯德榜自幼刻苦学习，经过多年积累有了丰富的学识。他为我们当代青少年树立了刻苦学习的榜样。

▣ 史海钩沉

侯氏制碱法的由来

1862年，比利时人索耳维发明了以食盐、氨、二氧化碳为原料制取碳酸钠的"索尔维制碱法"（又称氨碱法）。此后，英、法、德、美等国相继建立了大规模生产纯碱的工厂，并组织了索尔维公会对会员以外的国家实行技术封锁。

第一次世界大战期间,欧亚交通阻塞。由于我国所需纯碱都是从英国进口的,一时间纯碱非常缺乏,一些以纯碱为原料的民族工业难以生存。1917年,爱国实业家范旭东在天津塘沽创办了永利碱业公司,决心打破洋人的垄断,生产出中国的纯碱。他聘请正在美国留学的侯德榜先生出任总工程师。

1920年,侯德榜先生毅然回国任职。他全身心地投入到制碱工艺和设备的改进上,终于摸索出了索尔维法的各项生产技术。1924年8月,塘沽碱厂正式投产。1926年,中国生产的"红三角"牌纯碱在美国费城的万国博览会上获得金质奖章。产品不但畅销国内,而且远销日本和东南亚。

■文苑荟萃

侯德榜故居

　　侯德榜故居位于福州台江镇浦东坡尾村,原有花红柳绿、"平岗细草鸣黄犊"的田园风光,少年侯德榜曾在这里牧牛、耕作,留下了无数稚嫩的足迹。故居为单层,木结构,木墙灰壁黛瓦,坐北朝南,系典型的清代福州农村民居。占地面积约483平方米,由大厅、厢房、披榭组成。东西两侧的披榭对称,连着大厅左右的厢房,形成露天的大院子,由石阶通往正厅。大厅及两边厢房面阔5间,进深4间,穿斗式木构架,双坡顶。地面全铺木板,距宅基约半米,属低洼地带半高脚木屋一类。大厅前后有走廊。披榭面阔2间,进深3间,也是穿斗式木构架,悬山顶。

　　侯德榜故居于1992年被福州市人民政府以名人故居挂牌加以保护。随着城市化的不断进展,现在故居周围多是新村高楼,原来农村秀美的自然景观已荡然无存。如今,故居升格为省级保护单位,以纪念其主人非凡的生平和业绩。